LA
FAUNE MENACÉE
AU QUÉBEC

BIBLIOTHÈQUE ADMINISTRATIVE
Ministère des Communications du Québec
Éléments de catalogage avant publication

La faune menacée au Québec / [. . . réalisé par le Ministère du loisir, de la chasse et de la pêche].—— Québec, Québec : Les Publications du Québec, [1989].

66 p. : ill.
ISBN 2-551-08387-7

1. Espèces en danger — Québec (Province) 2. Faune — Protection — Québec (Province) I Québec (Province). Ministère du loisir, de la chasse et de la pêche.

L6 Al F39

Les
PUBLICATIONS
DU QUÉBEC

LA FAUNE MENACÉE AU QUÉBEC

Québec ❖

Le contenu de cette publication
a été réalisé par le ministère
du Loisir, de la Chasse
et de la Pêche

Cette édition a été produite par
Les Publications du Québec
1279, boul. Charest Ouest
Québec (Québec)
G1N 4K7

Conception graphique:
Louise Vallée, Charles Lessard
graphistes associés

Illustrations:
Claire Tremblay

Photos de la page couverture:
1. Stephen J. Kraseman, *Valan Photos*
2. J. Robert, *Janaca — Publi-Photo*
3. J. Philippe Varin, *Janaca — Publi-Photo*

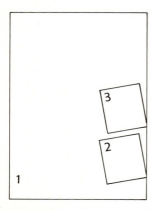

Dépôt légal — 2e trimestre 1989
Bibliothèque nationale du Québec
Bibliothèque nationale du Canada
ISBN — 2-551-08387-7

Table des matières

Introduction

De tout temps, le nombre des espèces animales et végétales a fluctué, certaines apparaissant et d'autres disparaissant sous l'effet des conditions imposées par le milieu de vie. L'action de l'homme sur la nature a toutefois, au cours des siècles, bouleversé cet équilibre naturel, provoquant la disparition accélérée de nombreuses espèces. Ainsi, depuis 1620, plus de 500 espèces de plantes et d'animaux ont disparu en Amérique du Nord. Aujourd'hui, on considère qu'au Québec seulement, au-delà de 500 espèces seraient vulnérables ou menacées.

Le ministère du Loisir, de la Chasse et de la Pêche a comme mandat de préserver la faune sur le territoire du Québec, souscrivant en cela aux objectifs de la Stratégie mondiale de la conservation. Dans cette optique, le Ministère accorde une attention particulière aux espèces menacées. Ainsi, pour maintenir la diversité du patrimoine faunique il est indispensable de conserver l'ensemble des populations d'une espèce, dont chacune représente une composante essentielle du monde vivant.

Dix espèces de vertébrés, soit cinq oiseaux, quatre mammifères et un poisson font l'objet du présent document. Ce sont le Faucon pèlerin, le Pluvier siffleur, la Pie-grièche migratrice, la Buse à épaulettes rousses, la Tourte, le Couguar de l'est, le Carcajou, le Caribou de la Gaspésie, le Béluga du Saint-Laurent ainsi que le Bar rayé du Saint-Laurent. Elles représentent soit l'espèce comme entité biologique, soit une sous-espèce, ou encore une population isolée géographiquement.

Le choix de ces dix espèces repose tant sur leur vulnérabilité caractéristique que sur l'intérêt particulier qu'elles représentent pour le Québec. D'ailleurs, une de ces espèces, la Tourte, est totalement disparue aujourd'hui de la surface de la planète.

On a déjà dit, avec justesse, que les espèces menacées constituaient des «signaux d'alarme d'une nature en péril». Le grand nombre d'espèces actuellement vulnérables ou menacées reflète l'état actuel de dégradation de notre environnement et ne représente en fait que la pointe de l'iceberg.

Puisse la lecture de ce document contribuer à une meilleure compréhension des liens qui unissent les organismes vivants et leur milieu. Une sensibilisation de chacun et chacune d'entre nous à l'urgence de préserver l'ensemble de la biosphère devrait permettre de tirer les leçons du passé et contribuer à mieux préparer l'avenir.

LA FAUNE · MENACÉE

Béluga du

Delphinapterus leucas

Saint-Laurent

Le Béluga, dont l'origine russe du nom signifie «blanchâtre», est communément appelé aussi «marsouin blanc». D'instinct grégaire, il présente une structure sociale complexe qui varie au gré des saisons. Bruyant, le Béluga émet une grande variété de sons, dont certains ressemblent à un chant d'oiseau. C'est pourquoi on le surnomme «canari de la mer». Les cris et les sifflements qu'il émet lui servent à communiquer avec ses semblables, ainsi qu'à repérer sa nourriture et à le guider dans ses déplacements. De nos jours, s'il exerce une réelle fascination chez les amants de la nature et le public en général, il faut savoir que le Béluga du Saint-Laurent fut d'abord chassé par les Autochtones puis, à partir du XVIe siècle, par les Basques et, enfin, par les habitants de la région qui étaient attirés par sa valeur économique.

Description

Le Béluga est un odontocète, c'est-à-dire que ses mâchoires sont pourvues de dents. D'autres baleines, appelées mysticètes, comme la Baleine noire ou le Rorqual bleu, sont pourvues de fanons*. Le Béluga possède un évent extérieur, sa tête laisse voir un «melon» proéminent et contrairement au dauphin, on note l'absence de museau. Sa gueule semble dessiner un grand «sourire» permanent. Blanc à l'âge adulte, le Béluga se caractérise aussi par l'absence de nageoire dorsale, deux traits qui représentent des adaptations à la vie en milieu arctique où la glace est omniprésente.

_____
* Fanons: lames cornées qui servent à retenir la nourriture.

Pouvant mesurer plus de 5 m, les mâles adultes pèsent jusqu'à 1 500 kg. La femelle, plus petite, peut atteindre plus de 4 m et près de 1 000 kg. Particulièrement sensible aux sons de haute fréquence, l'ouïe du Béluga est bien développée et forme une partie de son système d'écho-location et de communication. Ce mammifère fait preuve d'une grande agilité. Contrairement aux autres baleines, le Béluga peut tourner sa tête et observer à loisir, derrière comme au-dessous, l'activité qui se déroule autour de lui. On peut parfois le voir bondir hors de l'eau, et même le surprendre à se frotter le dos contre le fond.

Jean-Philippe Varin, Jacana — Publi-Photo

Le Béluga, dont l'origine russe du nom signifie «blanchâtre», est communément appelé aussi «marsouin blanc».

Les jeunes Bélugas, appelés baleineaux ou veaux, mesurent environ 1,5 m et sont de couleur brunâtre à la naissance. Ils deviennent gris au cours de leur première année (bleuvets) et blanchissent graduellement (blanchons) au cours de la maturation. Comme les adultes, leur peau épaisse et lisse abrite une couche de graisse qui permet de garder leur température constante lorsqu'ils circulent en eaux glaciales.

Mœurs

Les Bélugas sont de nature sociable. On les rencontre généralement en groupe de 2 à plus de 25 individus, et il arrive qu'il ne soit composé que de mâles ou encore que de femelles et de baleineaux. Lorsqu'on les aperçoit, ils effectuent habituellement une série de plongeons. Il faut toutefois avoir l'œil alerte puisqu'une toute petite partie du

Au début du siècle, on estime que la population de Béluga du Saint-Laurent devait compter quelque 5 000 individus; aujourd'hui, on n'en dénombre plus qu'environ 500.

Robert Michaud, *G.R.E.M.M.*

corps seulement émerge de l'eau : la tête apparaît d'abord, sans qu'on puisse distinguer le souffle, suivi d'un habile mouvement ondulatoire qui fait apparaître le dos à son tour. Ces mammifères ne nagent pas plus d'une quinzaine de minutes sous l'eau à chaque plongée et se déplacent à une vitesse moyenne d'environ 6 nœuds (11 km/h). La population de Béluga du Saint-Laurent réside dans le fleuve à longueur d'année pendant que les troupeaux de l'Arctique effectuent des migrations automnales et printanières. Chez le Béluga du Saint-Laurent, les déplacements varient selon les saisons, le cycle des marées ou encore selon les migrations d'espèces de poissons dont il se nourrit. Ainsi, en hiver, les déplacements sont limités en raison du nombre de sites où les eaux sont libres de glace; au printemps et en été, les courants dominants aident le Béluga à se déplacer d'amont en aval, et à suivre les migrations du hareng et du capelan.

La période d'accouplement des Bélugas s'échelonne du mois d'avril au mois de juin et la gestation dure environ 14 mois. Les mâles sont polygames et atteignent leur maturité sexuelle à l'âge de 8 ans, tandis que les femelles sont prêtes à se reproduire dès leur sixième année. Cette activité a lieu de la fin de juin au début d'août, soit au moment où les eaux sont les plus chaudes. La femelle donne naissance à un seul petit qui ne sera sevré qu'à l'âge de 2 ans.

Ainsi, en raison de la durée de la gestation et de l'allaitement, une femelle mature ne se reproduit généralement qu'à tous les 3 ans. Après la naissance des petits, on observe une ségrégation des sexes, les mâles formant alors un groupe distinct des femelles et des jeunes. De plus, la femelle peut garder avec elle à la fois un nouveau-né et un juvénile, et il semble exister des «garderies» regroupant des individus immatures. On estime enfin que le Béluga peut vivre plus de 30 ans.

Habitat et alimentation

Le Béluga fréquente habituellement les eaux arctiques et subarctiques de l'hémisphère Nord. Cependant, il se maintient aussi dans le fleuve Saint-Laurent en raison d'un phénomène complexe de mélange entre une eau froide de type arctique et une eau douce de rivière. L'abondance de nourriture assurée par la forte productivité biologique de ces eaux, de même que la présence d'aires adéquates pour la naissance de petits répondent aux exigences de son habitat. L'ensemble de ces facteurs font donc que les eaux froides et salées du fjord du Saguenay et de l'estuaire du Saint-Laurent sont propices au maintien de cette population.

Bien que les mâchoires du Béluga soient munies de dents, il ne les utilise que pour saisir ses proies, avalant sa nourriture toute entière. Comme plusieurs espèces marines, son régime alimentaire varie en fonction de la saison et de la disponibilité des proies. Au printemps et en été, il se nourrit surtout de capelans et de harengs tandis qu'à l'automne, il se régale de lançons, de harengs, de vers marins et de calmars. À l'occasion, il consomme des morues, des crevettes et divers autres crustacés.

Distribution

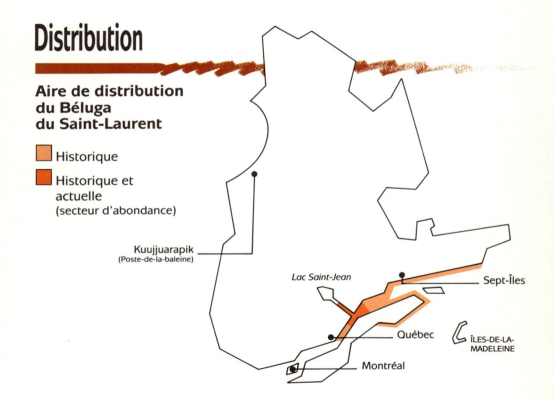

Aire de distribution du Béluga du Saint-Laurent

Historique

Historique et actuelle (secteur d'abondance)

Kuujjuarapik (Poste-de-la-baleine)

Lac Saint-Jean

Sept-Îles

Québec

ÎLES-DE-LA-MADELEINE

Montréal

Les Bélugas du Saint-Laurent forment une population isolée des autres troupeaux de l'Arctique, et qui se situe à la limite sud de l'aire de distribution de l'espèce en Amérique du Nord. Dans le Saint-Laurent, l'aire de distribution du Béluga semble s'être rétrécie au cours des siècles. Au XVIe siècle, en concentration importante autour de l'embouchure du Saguenay, il voyageait le long de la rive nord du Saint-Laurent, allant de l'Île-aux-Coudres à Pointe-des-Monts, et le long de la rive sud, de Rivière-Ouelle à Cap-Chat. Aussi, lors de ses déplacements saisonniers, il fréquentait la rivière Saguenay jusqu'à Saint-Fulgence, la Côte-Nord jusqu'à Natashquan, et, à l'occasion, longeait la péninsule gaspésienne jusqu'à la Baie-des-Chaleurs. Son

Janet Foster, *Masterfile*

Les Bélugas sont de nature sociable. On les rencontre généralement en groupe de deux à plus de vingt-cinq individus.

aire de distribution actuelle, qui semble beaucoup plus restreinte, s'étend de l'Île-aux-Coudres aux Escoumins, de Rivière-Ouelle à Rimouski, et de Tadoussac à Saint-Fulgence, dans le fjord du Saguenay. On observe rarement le Béluga du Saint-Laurent en périphérie de ce

secteur. Par exemple, la région de Manicouagan, autrefois considérée comme un excellent site de chasse, n'est plus aujourd'hui fréquentée par le Béluga. Au nord du Québec, on retrouve d'autres populations dans les baies d'Ungava, d'Hudson et de James, ainsi que dans le détroit d'Hudson. Ailleurs, l'espèce vit dans les eaux côtières arctiques de l'Amérique du Nord, de l'Europe et de l'Asie.

Situation de l'espèce

Au début du siècle, on estime que la population de Béluga du Saint-Laurent devait compter quelque 5 000 individus. Au cours des dernières décennies, ce nombre a chuté de façon considérable, à tel point qu'on en dénombre plus aujourd'hui qu'environ 500. Malgré la protection accordée au Béluga du Saint-Laurent, on n'a pu déceler une augmentation de sa population au cours des dernières années.

La chasse au Béluga pratiquée depuis des siècles apparaît comme le principal facteur responsable de son déclin. Ainsi, la chasse commerciale et les primes autrefois accordées pour tuer le Béluga, parce qu'on croyait à tort qu'il décimait la population de Saumon atlantique, ont causé la disparition de quelque 14 500 individus.

Par ailleurs, les aménagements hydroélectriques, qui modifient de façon significative le régime des températures de l'eau tout en altérant la distribution de la faune benthique* dont se nourrit le

---

* Benthique : relatif au benthos.

  Benthos : ensemble des organismes aquatiques qui vivent dans les fonds marins et en dépendent pour leur subsistance.

Béluga, peuvent avoir causé du tort à la population dans le secteur de Manicouagan. Le harcèlement du Béluga représente également un danger pour sa survie. À la limite, ces poursuites peuvent provoquer la mort du baleineau qui, encore dépendant de sa mère, risque de s'en trouver séparé. Le harcèlement provoque en outre un stress chez tous les individus, ce qui a pour effet de diminuer leur résistance aux agents extérieurs et de les déranger dans leur comportement alimentaire ou dans le soin apporté aux jeunes. Enfin, la pollution du Saint-Laurent compromet gravement la survie du Béluga. Des analyses effectuées sur les tissus de Bélugas échoués ont démontré notamment des taux élevés de mercure, de DDT, de BCP, ainsi que la

Il faut continuer à protéger le Béluga, car sa survie est menacée.

Pierre Béland, *I.N.E.S.L.*

présence de HAP, dont certains sont hautement cancérigènes. Ces contaminants chimiques toxiques s'accumulent dans les tissus du Béluga et comme il est situé au sommet de la pyramide alimentaire, ce cétacé s'avère particulièrement vulnérable aux effets toxiques des polluants.

Depuis 1980, pour aider à la conservation de l'espèce, la loi interdit de poursuivre et de chasser le Béluga. Par ailleurs, le gouvernement fédéral, responsable de la gestion des mammifères marins, améliore constamment les mesures susceptibles d'enrayer le harcèlement. À cet effet, il met à la disposition des organisateurs d'excursions des normes d'approche et d'observation des cétacés dans le but d'éviter de déranger les mammifères dans leur environnement. Récemment, le gouvernement fédéral présentait un plan d'action visant à favoriser la survie du Béluga du Saint-Laurent. Les thèmes abordés concernent le contrôle du dérangement, l'accroissement des connaissances ainsi que le contrôle du déversement de substances chimiques toxiques.

Le Béluga constitue une ressource faunique remarquable. Vivant dans le Saint-Laurent depuis environ 10 000 ans, il représente non seulement une richesse historique mais aussi écologique en raison de sa distribution exceptionnelle au sud du Québec. Pour l'apercevoir encore longtemps et à l'instar d'autres espèces, il faudra continuer à le protéger car sa survie est menacée.

Quelques références

ANONYME, *Plan d'action interministériel pour favoriser la survie du Béluga du Saint-Laurent*, Pêches et Océans Canada et Environnement Canada, 1988, 8 p.

BANFIELD, A.W.F., *Les mammifères du Canada*, Les Presses de l'Université Laval et University of Toronto Press, 1974, 406 p.

BÉLAND, P., «Witness for the Prosecution», *Nature Canada*, volume 17, numéro 4, 1988, p. 28-36.

COMITÉ AD HOC SUR LA CONSERVATION DES BÉLUGAS DU SAINT-LAURENT, *Problématique des Bélugas du Saint-Laurent*, Pêches et Océans Canada, 1987, 27 p.

TRÉPANIER, S., *Rapport sur la situation du Béluga du Saint-Laurent*, Association des biologistes du Québec, série «Faune et flore à protéger au Québec», Publication n° 5, 1984.

CARCAJOU

Gulo gulo

Surnommé Glouton, le Carcajou occupe une place importante dans le folklore et l'imagerie populaire québécoise. Célèbre dans les récits et les légendes, on raconte qu'il est doté d'une force et d'une audace prodigieuses. Son intelligence est surprenante. Il subtilise habilement les appâts dans les pièges et dévore les animaux à fourrure qui s'y sont laissés prendre. Du reste, il semble que les trappeurs et les habitants des régions nordiques ne l'apprécient guère. Indomptable saccageur, il vide les caches de nourriture, mâchonne fourrures et vêtements et laisse les campements dans un grand désordre. Toutefois, ce mammifère nordique ne cause généralement que peu de problèmes à l'homme en raison de sa faible densité. En dépit d'une réputation que certains qualifient de surfaite, il demeure néanmoins un animal dont les caractéristiques sont des plus fascinantes.

Description

Le Carcajou mesure généralement entre 80 et 100 cm et son poids moyen atteint 8 kg chez la femelle et 12 kg chez le mâle. Il compte parmi l'un des plus grands de la famille des Mustélidés. Le mâle, légèrement plus gros que la femelle, est de la taille d'un ourson. Son corps massif, qui le fait paraître un peu lourdaud, possède une musculature robuste. Ses pieds, proportionnellement larges pour sa taille, sont bien adaptés pour creuser et marcher sur la neige et possèdent de puissantes griffes semi-rétractiles qui lui permettent de grimper aux arbres. Aussi, il est semi-plantigrade, c'est-à-dire qu'il marche à demi sur la plante des pieds. Enfin, sa large tête se termine par un museau allongé. La vue du Carcajou est faible,

même à courte distance. Par contre, son odorat particulièrement développé lui permet de flairer de très loin sa nourriture et de déceler rapidement la présence humaine.

Le Carcajou possède un pelage brun foncé, dense et relativement court. Deux rayures chamois dessinent ses flancs et son ventre est parsemé de petites taches de couleur crème. Contrairement au Loup ou au Coyote, sa fourrure particulière empêche le givre de se former sur

Stephen J. Kraseman, *Valan Photos*

La puissance de ses mâchoires et la grande solidité de ses dents lui permettent de dévorer facilement les proies gelées et de broyer des os aussi gros que ceux du Caribou.

les poils. Imperméable, elle était jadis très recherchée et servait principalement aux Inuit pour la confection de leurs anoraks. Ce mammifère carnivore est reconnu également pour sa grande agressivité. La puissance de ses mâchoires et la grande solidité de ses dents lui permettent de dévorer facilement les proies gelées et de broyer des os aussi gros que ceux du Caribou.

Mœurs

Le Carcajou peut parcourir chaque jour une très grande distance. Il n'est pas rare qu'il occupe un territoire pouvant s'étendre sur plus de 500 km². Il affronte parfois les attaques du loup et même celles de l'ours afin de préserver ses proies. Comme les autres Mustélidés, ses glandes produisent une sécrétion dont il imprègne ses aliments. L'odeur infecte ainsi dégagée lui permet non seulement de retrouver sa nourriture lorsqu'il l'a profondément enfouie sous la neige, mais provoque aussi l'éloignement systématique de ses compétiteurs. Le Carcajou s'active surtout la nuit et n'hiberne pas. Il est en outre reconnu comme étant un grand solitaire mais il déroge toutefois à cette habitude lors de la période de reproduction.

Polygame, le mâle atteint sa maturité sexuelle vers l'âge de 14 ou 15 mois, alors que la femelle devient mature à 1 ou 2 ans.

Au début du printemps, le mâle commence déjà à manifester son instinct sexuel, mais la période de reproduction s'étend jusqu'au début de l'automne. Chez le Carcajou, le développement de l'embryon ne suit pas immédiatement l'accouplement. La croissance du fœtus ne s'effectuera qu'au cours des 30 à 40 derniers jours précédant la naissance. Après 8 ou 9 mois de gestation, en mars et avril, la femelle se réfugie dans une vieille souche d'arbre, un terrier ou autre pour donner naissance à ses petits. La portée compte généralement 2 ou 3 petits que la mère allaite pendant 2 mois, soit le temps nécessaire à la formation de leurs dents.

Les nouveau-nés sont l'objet d'une grande attention. Après chaque tétée, la mère lèche leur ventre afin de les aider à digérer et dès qu'ils ont pris un peu de poids, elle leur amène au gîte une nourriture solide, nécessaire à leur développement. Puis, lorsque leur pelage frisé et blanchâtre prend la coloration de l'âge adulte, les jeunes, devenus plus robustes, suivent leur mère pendant l'hiver pour apprendre à chasser. À 1 an, ils quittent la tanière maternelle et sont alors en mesure de se débrouiller seuls. Le Carcajou a peu de prédateurs naturels, exception faite du loup qui, si ce n'est occasionnellement, peut l'attaquer.

Habitat et alimentation

Le Carcajou choisit d'établir son repaire sous un tronc d'arbre tombé, dans un abri de castor abandonné et parfois même dans la fissure d'un rocher. Sa litière est simple, étant le plus souvent tapissée de petites branches sèches, de feuilles et d'un peu d'herbe.

Comme bon nombre de prédateurs, le Carcajou est opportuniste. Il a un régime alimentaire varié qui dépend de la saison et de la disponibilité des proies. En été, il est omnivore et consomme aussi bien des petits mammifères que des végétaux, comme les racines, les baies et divers petits fruits. Durant cette saison, écureuils, mulots et lièvres composent souvent son menu. Il se régale aussi d'œufs d'oiseaux, de perdrix et de lagopèdes et, comme il est excellent nageur, il peut, à l'occasion, s'offrir quelques poissons. Il semble que le Carcajou soit particulièrement friand de chair de porcépic. Toutefois, il n'a pas encore développé l'habileté requise pour consommer ce mammifère hérissé, puisqu'il meurt parfois l'estomac transpercé par les piquants.

Malgré l'agressivité qu'on lui connaît, le Carcajou n'est pas un chasseur efficace. Il se déplace trop lentement pour rivaliser de vitesse avec la plupart de ses proies. Même l'homme peut courir plus vite que lui! S'il parvient à capturer un lièvre en se laissant tomber du haut d'un arbre, il est cependant souvent forcé d'attendre la mort d'un Caribou pour en dévorer les restes. Cette proie, généralement tuée par le loup ou morte de causes naturelles, offre au Carcajou des carcasses abandonnées dont il tire sa nourriture.

Ce mammifère, surtout carnivore en hiver, est donc nécrophage et la charogne constitue son principal aliment durant la saison froide. Doté d'une grande force et avantagé par son poids pour se déplacer sur la neige, il peut traîner sur de longues distances les restes d'un Caribou beaucoup plus lourd que lui. De plus, il marque sa nourriture d'un liquide malodorant et en cache le surplus un peu partout, sous la neige, la glace et même jusque dans la fourche des arbres.

Distribution

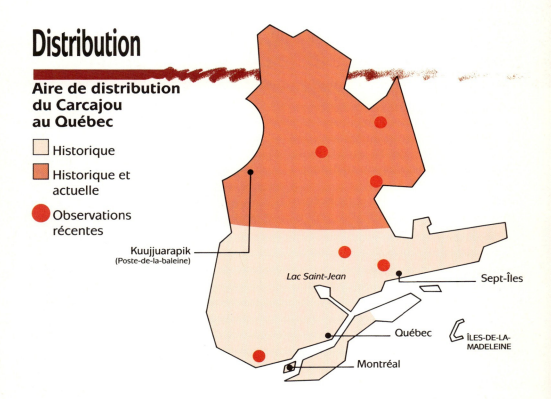

Aire de distribution du Carcajou au Québec

☐ Historique

▧ Historique et actuelle

● Observations récentes

Kuujjuarapik
(Poste-de-la-baleine)

Lac Saint-Jean

Sept-Îles

Québec

ÎLES-DE-LA-MADELEINE

Montréal

La répartition du Carcajou est holarctique, c'est-à-dire qu'elle englobe toute la région polaire arctique. On le retrouve donc au nord du Canada, de la Scandinavie et de l'URSS.

Le Carcajou est reconnu comme étant un grand solitaire, mais il déroge toutefois à cette habitude lors de la période de reproduction.

Au Québec, ce mammifère est peu connu mais on croit qu'il fréquente la forêt boréale et la toundra au nord du 50ᵉ parallèle. Suivant les saisons, il semble aussi qu'il se déplace en altitude selon la distribution et l'abondance de ses proies. Il a également tendance à s'éloigner des endroits occupés par l'homme, préférant habiter un milieu vierge et sauvage.

Situation de l'espèce

Le déclin initial du Carcajou en Amérique du Nord s'est manifesté surtout entre 1840 et 1925. La chasse et le piégeage en sont responsables en bonne partie, et ont même entraîné sa disparition dans certains secteurs.

Le Carcajou possède toutefois des habitudes qui l'ont rendu vulnérable à la capture. En effet, comme il effectue de longs déplacements, il est susceptible d'être fréquemment attiré par les appâts des trappeurs.

Au Québec, la population de cette espèce carnivore n'a jamais été très importante et le Carcajou se fait aujourd'hui de plus en plus rare. De 1966 à 1988, le Québec n'a enregistré en effet que 0,6 % de l'ensemble des prises canadiennes de Carcajou.

Par ailleurs, l'empiétement de l'habitat du Carcajou par l'homme et le développement technologique ont eu pour effet de le confiner à la partie nord du Québec.

Dans le but d'aider à la conservation de l'espèce, la chasse et le piégeage du Carcajou sont interdits au Québec depuis 1981. Seuls les Autochtones des

Il n'est pas rare que le Carcajou occupe un territoire pouvant s'étendre sur plus de 500 km².

territoires de la Baie-James et du Nouveau-Québec ne sont pas soumis à cette réglementation. À l'heure actuelle, des réflexions s'amorcent pour assurer la survie du Carcajou. On étudie, entre autres, la possibilité de réintroduire l'espèce dans des zones propices offrant un bon potentiel pour sa survie. Mais quelles que soient les actions envisagées, il faut souhaiter que la population du Carcajou puisse être rétablie afin qu'il retrouve sa place dans le patrimoine faunique du Québec.

Quelques références

BANFIELD, A.W.F., *Les mammifères du Canada,* Les Presses de l'Université Laval et University of Toronto Press, 1974, 406 p.

DAUPHINÉ, C., *1987 Status Report on the Wolverine (Gulo gulo) in Canada,* Convention sur le commerce international des espèces menacées de disparition, 1987, 25 p.

NOVAK, M., et collaborateurs, *Wild Funbearear Management and Conservation in North America,* ministère des Ressources naturelles de l'Ontario, 1987, 1 150 p.

PRESCOTT, J. et P. RICHARD, *Mammifères du Québec et de l'est du Canada,* volumes 1 et 2, Éditions France-Amérique, 1982, 437 p.

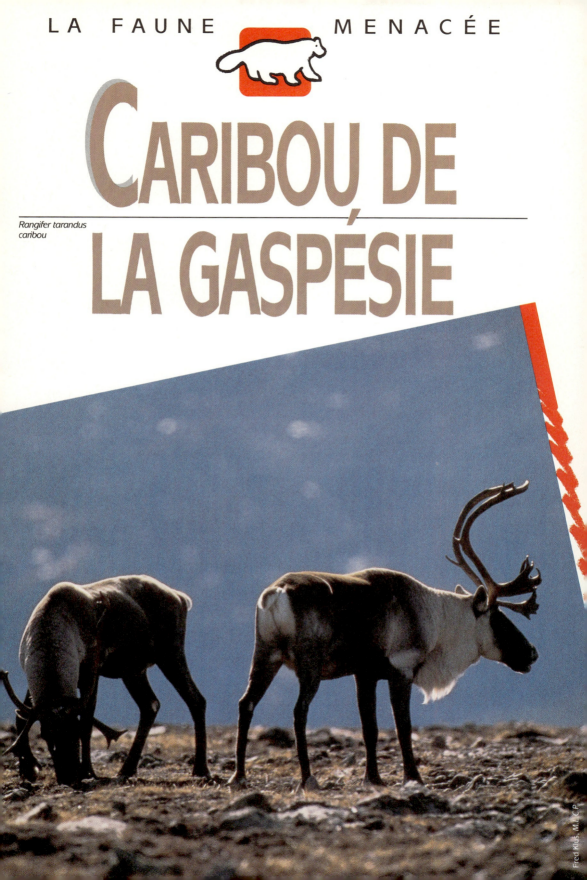

Caribou de la Gaspésie

*Rangifer tarandus
caribou*

Caractérisé par un fort instinct grégaire et par l'ampleur de ses migrations, le Caribou a de tout temps attiré l'attention et représente un symbole des vastes étendues du Grand Nord. Appelé «Renne» en Europe et en Asie septentrionales, «Caribou» en Amérique du Nord, les populations de ce cervidé forment une seule et même espèce, connue sous le nom scientifique de **Rangifer tarandus.** En Amérique du Nord, on connaît cinq sous-espèces de Caribou, dont une seule vit au Québec, le Caribou «des bois» *(Rangifer tarandus caribou)*. C'est donc cette sous-espèce que l'on retrouve en Gaspésie. Toutefois, comme la classification des sous-espèces du Caribou fait actuellement l'objet d'une révision, on utilisera les appellations de Caribou «des bois» lorsqu'il est question de la sous-espèce vivant au Québec, et «Caribou de la Gaspésie» pour désigner la population dont il est question dans le présent document.

Description

Membre de la même famille que l'Orignal et le Cerf de Virginie, le Caribou se reconnaît non seulement à la forme de ses bois, mais également à des caractéristiques qui reflètent une adaptation à la vie en milieu arctique et subarctique. On peut mentionner notamment la présence d'une fourrure épaisse, d'un museau large et velu, d'oreilles larges et courtes comprimées près des bois, et de larges pieds munis de sabots bien adaptés à la marche sur la neige ou dans les marécages.

La taille du Caribou «des bois» est légèrement supérieure à celle du Cerf de Virginie. Le mâle pèse de 150 à 250 kg et la femelle, entre 90 et 160 kg. Le corps de l'animal est trapu et son pelage relati-

Fred Klus, M.L.C.P.

C'est en petits groupes que le Caribou de la Gaspésie effectue sa migration saisonnière.

vement long et fourni, et particulièrement sous la gorge où les poils forment une sorte de crinière, très prononcée chez les mâles adultes. De coloration brunâtre, plus foncée en été, la fourrure est blanc crème au niveau de la gorge, du cou et de la croupe. Chez le Caribou, les bois se rencontrent chez les deux sexes; ils sont toutefois beaucoup plus développés chez le mâle et peuvent atteindre plus de 120 cm de longueur. Au début de leur cycle de croissance, les bois sont recouverts de «velours» qui, riche en vaisseaux sanguins, sert à les nourrir. Chez le mâle, cette peau se dessèche vers la mi-septembre, et le Caribou frotte alors ses bois contre les arbres pour l'aider à se détacher, tout en se familiarisant avec leur taille et leur forme. Il porte alors des bois durs et lisses dont il se servira pour se mesurer à d'autres mâles lors de la période de reproduction. La chute des bois chez les mâles peut se produire dès la mi-novembre, alors que les femelles les conservent généralement jusqu'à la naissance du petit qui se produit, en Gaspésie, vers la fin de mai ou en juin.

Le Caribou est reconnu pour son odorat très développé qu'il utilise pour déceler prédateurs et autres dangers, s'apparentant en cela à la plupart des cervidés. À l'opposé, sa vue est faible, et on le croit myope. Son ouïe est néanmoins relativement bien développée.

Mœurs

Dans le Grand Nord, le Caribou effectue de longues migrations. C'est par milliers d'individus que les hardes de Caribou de la toundra effectuent leurs migrations saisonnières. Mais il en va tout autrement pour le troupeau de la Gaspésie qui se déplace beaucoup moins, étant confiné à l'exiguïté du domaine qu'il occupe et aux types d'habitats qu'il fréquente. De plus, la taille des groupes observés ne dépasse jamais quelques dizaines d'individus. Plutôt que de migrer du Nord au Sud à la recherche d'habitats plus propices, le Caribou de la Gaspésie se déplace en altitude. Ainsi, l'arrivée de l'automne, qui marque la période du rut, se caractérise par une migration vers les sommets dans la toundra alpine, déplacement qui se fait généralement en petits groupes de 2 à 4 individus. En hiver, les Caribous quittent les hauts plateaux dénudés pour séjourner en milieu forestier où la nourriture est plus accessible. En saison estivale, ils sont plus dispersés et ils ne réalisent pas de déplacements importants demeurant généralement dans les limites du parc de la Gaspésie.

Chez le Caribou de la Gaspésie, la période d'accouplement s'étale généralement de septembre à novembre. On ne connaît pas, de façon précise, l'âge de la maturité sexuelle chez cette population; chez l'espèce en général, elle survient entre 18 mois et 42 mois. De plus, le mâle atteint la maturité sexuelle un peu plus tard que la femelle. Durant la période du rut, il arrive que deux mâles se livrent un combat qui constitue une véritable épreuve de force. Mais, habituellement, les adversaires abandonnent vite l'affrontement, chacun d'eux préférant s'éloigner sans trop de blessures. Les mâles perdent leur agressivité aussitôt le rut terminé, et leurs bois tombent un peu plus tard. Chez le Caribou, le mâle est polygame et les femelles courtisées peuvent varier en nombre. La gestation dure quelque sept mois et demi, et la femelle donne généralement naissance à un seul petit, vers la fin de mai ou le début de juin. À l'opposé des troupeaux de la toundra, les femelles du Caribou de la Gaspésie, tout comme celles vivant dans la forêt boréale, ne semblent pas se regrouper dans des sites précis pour mettre bas, mais tendent plutôt à s'isoler.

Pierre Bernier, *M.L.C.P.*

Le régime alimentaire estival du Caribou de la Gaspésie est particulièrement varié.

Le nouveau-né pèse entre 4,5 et 7,8 kg et, déjà vigoureux, il est en mesure de courir quelques heures seulement après sa naissance. Très tôt, il commence à brouter herbes et lichens et dès la fin de l'été, il mène une vie relativement indépendante. Toutefois, il continue de s'allaiter jusqu'à l'automne et ne quittera pas sa mère avant l'âge de 1 an, les jeunes mâles devenant autonomes plus tôt que les jeunes femelles. À leur naissance, les jeunes montrent un pelage roux dépourvu de taches blanches et dès leur premier automne, ils portent des boutons couverts d'une peau veloutée, qui s'allongeront pour produire des bois. De façon générale, le Caribou vit de 12 à 15 ans à l'état sauvage.

Habitat et alimentation

Comme les autres Caribous, la population de la Gaspésie effectue des déplacements saisonniers qui l'amènent à oc-

cuper divers habitats au cours d'une même année. En automne, elle fréquente surtout les sommets dénudés du mont Albert et des monts McGerrigle qui lui offrent de grandes étendues ouvertes, propices à la reproduction. À ce moment, le Caribou pourra consommer diverses espèces de plantes herbacées ainsi que des lichens. Il demeurera sur ces sommets jusqu'à ce qu'une croûte de glace lui empêche d'avoir accès à la nourriture au sol. Ainsi, en hiver, le Caribou de la Gaspésie devra redescendre légèrement pour s'alimenter. À cette période de l'année, il séjourne alors dans les forêts matures de sapins et d'épinettes. Ces conifères portent des lichens arboricoles qui sont consommés soit sur les arbres mêmes, soit lorsqu'ils sont tombés dans la neige. Ceux-ci composent d'ailleurs près des trois quarts de son alimentation pendant cette période de l'année. Cet habitat s'avère donc particulièrement critique pour le maintien de la population de Caribou de la Gaspésie.

Lorsque vient le printemps, période où naîtra le petit, le Caribou de la Gaspésie ne semble pas avoir de préférence marquée pour un site en particulier, les femelles tendant à se disperser près des sommets. Enfin, il semble qu'en été, le Caribou de la Gaspésie se retrouve dans divers types d'habitats, bien qu'il recherche des endroits frais, comme des flancs de montagne moins exposés où la neige persiste plus longtemps. On remarque en outre que son régime alimentaire estival est particulièrement varié, se composant de feuilles, de champignons, de ramilles, d'herbes diverses, de lichens ou même de petits fruits.

Fred Klus, M.L.C.P.

En automne, les Caribous fréquentent les sommets dénudés que lui offrent de grandes étendues ouvertes, propices à la reproduction.

Distribution

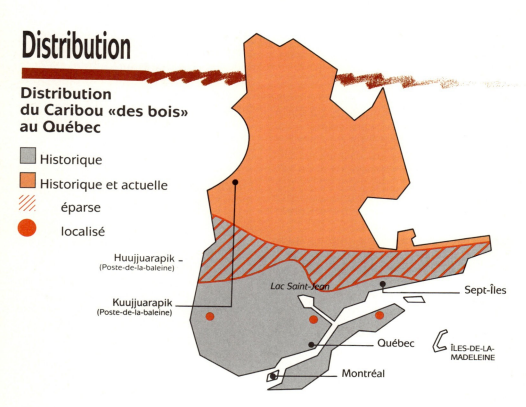

**Distribution
du Caribou «des bois»
au Québec**

Historique

Historique et actuelle

éparse

localisé

Huujjuarapik
(Poste-de-la-baleine)

Kuujjuarapik
(Poste-de-la-baleine)

Lac Saint-Jean

Sept-Îles

Québec

ÎLES-DE-LA-
MADELEINE

Montréal

Les Caribous qui habitent le parc de la Gaspésie forment une population relique, la dernière à exister au sud du fleuve Saint-Laurent. En effet, lors de la création du Parc en 1937, l'un des objectifs était alors d'assurer la sauvegarde du troupeau de Caribous. En général, les Caribous demeurent à l'intérieur du Parc, bien que certains d'entre eux puissent occasionnellement en franchir les limites. On a en effet déjà observé des Caribous près de Murdochville, dans la réserve de Matane, et un peu partout près de la route ceinturant les monts McGerrigle, ainsi que près de New Richmond.

À la fin du XIXe siècle, le Caribou «des bois» peuplait tout le Québec, ainsi que le nord des États du Maine, du New Hampshire et du Vermont. On le retrou-vait également au Nouveau-Brunswick, en Nouvelle-Écosse ainsi qu'à l'Île-du-Prince-Édouard. Aujourd'hui, au Québec, le Caribou se distribue de manière «continue» au nord du 52e parallèle. Mis à part le troupeau de la Gaspésie, on retrouve au sud du 49e parallèle des troupeaux isolés dans la région de Val-d'Or ainsi que dans le parc des Grands-Jardins. À ce dernier endroit, le Caribou fut réintroduit entre 1969 et 1972. Dans l'ensemble de l'Amérique du Nord, il fréquente la forêt boréale, depuis Terre-Neuve et le Labrador jusqu'en Colombie-Britannique, ainsi que dans les Territoires du Nord-Ouest, au Yukon et en Alaska. Les coupes forestières, les feux de forêt et le développement de l'agriculture ont contribué au retrait des populations de Caribous vers les régions nordiques.

Situation de l'espèce

La population de Caribou de la Gaspésie a connu un déclin important à partir de la fin du siècle dernier, lequel s'est poursuivi jusqu'au début des années 1970. Aujourd'hui, on estime qu'elle compte de 200 à 250 individus et qu'elle serait demeurée relativement stable jusqu'en 1985. En effet, aucune tendance significative à la baisse ne fut observée entre 1973 et 1986. Toutefois, des données récentes montrent depuis quelques années une chute progressive du nombre de faons dans la population; en 1987 et 1988, plus de 90 % des petits nés au printemps sont morts à l'automne. Ces faits font donc craindre une réduction importante à court terme de la population de Caribou de la Gaspésie.

De façon générale, on s'entend pour dire que la chasse abusive est à l'origine du déclin de la population de Caribou de la Gaspésie au début du siècle. En effet, à cette époque, certaines compagnies forestières embauchaient des chasseurs afin de nourrir les bûcherons à même la grande faune. Notons toutefois que depuis 1937, la chasse au Caribou est définitivement interdite dans le parc de la Gaspésie; elle l'est aussi depuis 1949 sur le reste du territoire. Par ailleurs, le Caribou a toujours été l'objet de braconnage, mais il n'est pas possible d'en évaluer l'importance.

Comme on l'a déjà mentionné, c'est l'habitat d'hiver qui s'avère particulièrement critique pour le maintien de la population de Caribou de la Gaspésie. Les forêts de conifères matures, qui produisent les lichens composant l'essentiel de son alimentation hivernale, ont déjà fait l'objet de coupes intensives ou d'incendies qui ont contribué à confiner le Caribou dans les secteurs où on le retrouve aujourd'hui. Malgré cela, on pense tout de même que la nourriture disponible est amplement suffisante pour supporter le troupeau de Caribous. Les problèmes reliés à l'hiver semblent donc davantage se poser en termes de qualité de la nourriture par rapport à la dépense d'énergie associée à sa quête. En d'autres mots, la faible valeur nutritive

Chez le Caribou de la Gaspésie, les jeunes sont particulièrement **vulnérables à la prédation.**

Pierre Pouliot, M.L.C.P.

des lichens arboricoles apporte peu d'énergie au Caribou, en comparaison des efforts qu'il doit déployer pour se les procurer. Il est donc possible, lors d'hivers plus rigoureux ou prolongés, qu'un certain nombre de Caribous puissent mourir d'inanition après avoir épuisé leurs réserves d'énergie.

On utilise la télémétrie pour étudier les déplacements des populations de Caribou.

Bien que plusieurs maladies et parasites aient été identifiés chez le Caribou, la population de la Gaspésie pourrait être touchée par le ver des méninges. Ce parasite infecte normalement le Cerf de Virginie, sans toutefois entraîner de conséquences sérieuses chez lui. C'est lorsque le Caribou partage des territoires déjà fréquentés par le Cerf qu'il est susceptible de contracter le ver des méninges qui, chez lui, provoque généralement la mort.

C'est toutefois la prédation qui constitue, à court terme, la menace la plus sérieuse pour le troupeau de Caribou de la Gaspésie. En effet, deux prédateurs frappent principalement la population, soit l'Ours noir et le Coyote. Arrivé récemment en Gaspésie, le Coyote semble bien implanté dans le Parc et représente une menace pour les jeunes cervidés. Par ailleurs, des études récentes suggèrent que l'Ours noir touche la population de Caribou de la Gaspésie en s'attaquant aux faons. Il est donc probable que l'action combinée de ces deux prédateurs ait pu contribuer à la diminution radicale de faons dans la population depuis quelques années.

Quoique légalement protégé, le troupeau de Caribou de la Gaspésie accuse néanmoins une situation précaire. Afin de sauvegarder cette population unique, les autorités gouvernementales améliorent constamment les mesures visant sa conservation, tout en posant des gestes concrets susceptibles d'assurer le rétablissement de cette population menacée de disparition.

Quelques références

BANFIELD, A.W.F., *Les mammifères du Canada,* Les Presses de l'Université Laval et University of Toronto Press, 1974, 406 p.

MESSIER, F., J. PERRON et J.-P. OUELLET, *Le Caribou du parc de la Gaspésie : connaissance et recommandations pour la gestion du troupeau,* Université du Québec à Rimouski, Département de biologie et services de la santé, 1987, 63 p.

TRÉPANIER, S., *Rapport sur la situation du Caribou (Rangifer tarandus caribou) de la Gaspésie*, Association des biologistes du Québec, «Caribou de la Gaspésie», Série «Faune et flore à protéger au Québec», Publication n° 3, 1984, 46 p.

SCOTT, W.B. et E.J. CROSSMAN, *Processus d'eau douce du Canada,* Office des recherches sur les pêcheries du Canada, Bulletin n° 184, 1974, 1 026 p.

LA FAUNE MENACÉE

COUGUAR DE L'EST

Felis concolor couguar

Quelquefois appelé Puma, le Couguar de l'est est l'un des plus puissants prédateurs carnivores de l'Amérique du Nord. Cousin du chat domestique, il fait partie de la famille des Félidés et bien que sa taille soit impressionnante, la souplesse et la grâce de ses mouvements confirment son appartenance à la race des félins.

Description

Mesurant souvent plus de 2 m, le corps allongé et musclé du Couguar de l'est atteint facilement 100 kg chez le mâle et 60 kg chez la femelle. Il est d'une souplesse remarquable et sa gracieuse démarche tient du fait qu'il est digitigrade, c'est-à-dire qu'il se déplace sur les coussinets de ses doigts. Ses pieds de devant comptent 5 orteils, ceux de derrière 4, et tous sont munis d'une puissante griffe rétractile et incurvée que l'animal rentre pour marcher. Il les utilise aussi pour grimper aux arbres et attaquer ses proies. La coloration de la fourrure et la longueur des poils de ce grand félin varient quelque peu selon les saisons. En été, ses poils sont plus courts et plus drus qu'en période de grand froid et prennent généralement une teinte allant du brun fauve au brun grisâtre. L'hiver, sa coloration a tendance à devenir plus foncée, la couleur blanche de sa gorge et de sa poitrine contrastant alors avec le reste de son pelage et persistant en toute saison. La couleur de son dos est souvent brun foncé mais s'atténue graduellement sur les flancs pour devenir chamois clair sur le ventre. Quant aux jeunes, ils se distinguent par leur fourrure laineuse et mouchetée. Contrairement à ce qu'on observe chez le lynx, les poils du Couguar de l'est n'obéissent pas à un cycle de mue puisqu'ils se renouvellent continuellement.

Comme tous les chats, ce mammifère possède une vue perçante et de longues vibrisses qui l'aident lorsqu'il se déplace dans l'obscurité. Le Couguar se reconnaît aussi à la couleur noire qui dessine

Stephen J. Kraseman, *Valan Photos*

Les jeunes se distinguent par leur fourrure laineuse et mouchetée.

les rayures de son museau. Cette teinte colore également le revers de ses oreilles et le bout de sa longue queue. Celle-ci, mesurant parfois jusqu'à 90 cm, est, de par sa longueur, un trait caractéristique de l'espèce. Ce félin, considéré comme un excellent nageur, ne se jettera toutefois à l'eau qu'en tout dernier ressort pour échapper à un danger.

Mœurs

Le Couguar de l'est préfère généralement se tenir loin des activités humaines. Il est d'ailleurs assez rare que l'homme l'aperçoive dans son milieu naturel puisque, de surcroît, c'est un solitaire beaucoup plus actif la nuit que le jour. Doté d'une acuité sensorielle particulièrement développée, il rôde silencieusement à l'affût de nourriture. Inlassable chasseur, le Couguar peut parcourir de grandes distances. Il a l'habitude d'emprunter toujours le même trajet et peut arpenter plus de 30 km dans une seule journée.

Stephen J. Kraseman, *Valan Photos*

Doté d'une acuité sensorielle particulièrement développée, le Couguar rôde silencieusement à l'affût de nourriture.

Le mâle est reconnu pour marquer son territoire en utilisant ses griffes avec lesquelles il lacère les arbres. L'écorce s'imprègne alors de son odeur qui signale aux congénères la présence d'un occupant. Ce n'est que durant la saison des amours et lorsque les jeunes accompagnent leur mère que le Couguar accepte de vivre en commaunauté.

Chez cette espèce, le rut ne se produit pas à une période précise mais peut suivre aussitôt la naissance d'un petit qui se produit généralement tous les 2 ans. Lorsque la femelle est en chaleur, elle pénètre sur le territoire du mâle afin d'attirer son attention. Il arrive parfois que les mâles, qui sont polygames, se livrent de violents combats pour s'approprier une compagne.

Pendant les 3 mois que dure la gestation, le mâle et la femelle cohabitent. Au moment de mettre bas, la femelle quitte son partenaire et prend seule le soin d'élever les nouveau-nés. La portée peut comporter jusqu'à 6 petits, la moyenne se situant entre 2 et 4. Au moment de la naissance, les nouveau-nés sont aveugles, mesurent environ 30 cm et pèsent quelque 400 g. Ils viennent au monde sans défense mais dès le 10e jour, ils sont en mesure de voir et deviennent rapidement des chatons plutôt robustes qui affectionnent le jeu. Au cours des premiers mois de leur existence, les jeunes sont généralement bien protégés par leur mère qui veille également à leur alimentation. Ils sont allaités jusqu'à l'âge de 3 mois mais commencent dès leur sixième semaine à manger la viande que la mère ramène au gîte.

Lorsqu'ils atteignent 4 ou 5 mois, les jeunes sont suffisamment habiles dans leurs déplacements et peuvent alors suivre la mère qui leur enseigne les rudiments de la chasse. Durant cette période d'apprentissage, la famille se réfugie dans un abri provisoire, sur un territoire de chasse jugé adéquat pour nourrir tout le monde. Les jeunes commencent alors à imiter les adultes pour leur ressembler de plus en plus au moment où leur pelage change de coloration vers l'âge de 6 mois. Après la première année, soit entre 16 et 19 mois, les jeunes mâles et femelles sont suffisamment autonomes pour quitter leur mère et s'établir sur un territoire de chasse. À leur tour, ils seront en mesure de se reproduire vers l'âge de 3 ans.

Habitat et alimentation

L'habitat du Couguar, qui correspond généralement à celui du Cerf de Virginie, varie en fonction du nombre de proies à proximité et de leur vulnérabilité. Il habite les forêts de conifères et les forêts mixtes. Aussi, fréquente-t-il les régions montagneuses, les vallées boisées, les zones marécageuses et parfois même les régions agricoles.

Le régime alimentaire du Couguar se compose principalement de grands mammifères herbivores, notamment le Cerf de Virginie. Silencieux, le Couguar se faufile derrière sa proie et le moment venu, la rattrape rapidement avant de bondir sur ses épaules. Terrassée sous le choc, la victime sera ensuite traînée sous un arbre avant d'être dévorée. À l'occasion, lorsque le gros gibier se fait rare, il dissimule sa proie sous des feuilles et des branches afin de garder en réserve son surplus de nourriture. Cependant, le Couguar ne mange pas de charogne, à moins d'être très affamé, préférant de loin la viande fraîche de la proie privilégiée que constitue le Cerf. De temps à autre, il se nourrit de porcs-épics, de castors et de lièvres. Les souris et les oiseaux peuvent également composer son menu. Le Couguar s'aventure par-

fois dans les régions habitées par l'homme et attaque les animaux domestiques, les veaux et les moutons étant alors les proies les plus recherchées.

Stephen J. Kraseman, Valan Photos

Le régime alimentaire du Couguar se compose principalement de grands mammifères herbivores, notamment le Cerf de Virginie.

Distribution

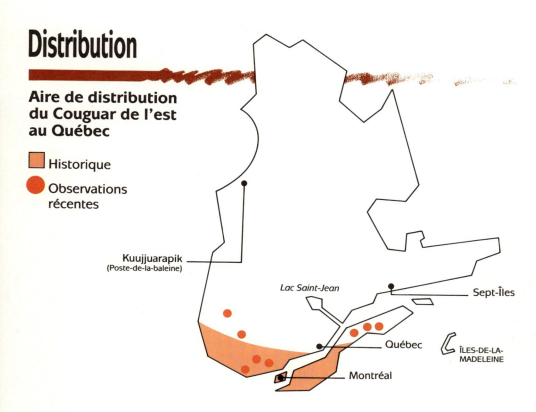

Aire de distribution du Couguar de l'est au Québec

Historique

Observations récentes

Kuujjuarapik
(Poste-de-la-baleine)

Lac Saint-Jean

Sept-Îles

Québec

ÎLES-DE-LA-MADELEINE

Montréal

Au Québec, le Couguar se retrouve généralement au sud. De plus, on l'a récemment observé dans la région du Bas-Saint-Laurent — Gaspésie. Ailleurs en Amérique du Nord, le Couguar de l'est fréquente la même aire de distribution que le Cerf de Virginie.

Situation de l'espèce

Bien que plus importante au cours de la première moitié du XXe siècle, la population de Couguar de l'est n'a jamais été très abondante au Québec. Depuis les années 1950, moins d'une trentaine d'observations ont été rapportées dans la péninsule gaspésienne et dans les autres régions du sud du Québec.

Les deux principaux facteurs qui influent sur la distribution et l'abondance de l'espèce sont la disponibilité des proies et l'activité humaine. Au fil des ans, l'homme a étendu ses activités jusque dans les territoires occupés par l'espèce et, conséquemment, a contribué soit à disperser ses proies, soit à les lui rendre moins accessibles. La chasse, les coupes forestières, la construction de routes et les diverses perturbations de son milieu naturel ont aussi eu pour effet de le confiner dans des secteurs de plus en plus éloignés. Le Couguar se retrouve ainsi privé de certains secteurs de chasse qui pourraient lui procurer nourriture et

Grafton M. Smith, *The Image Bank*

De nature solitaire, le Couguar se tient généralement loin de l'activité humaine.

abri. Enfin, bien qu'à l'occasion il puisse représenter une certaine menace pour les animaux domestiques, ses rares incursions en milieu rural ne doivent pas empêcher la recherche de solutions susceptibles d'aider à la conservation dans nos régions du plus grand félin d'Amérique du Nord.

Quelques références

BANFIELD, A.W.F., *Les mammifères du Canada*, Les Presses de l'Université Laval et University of Toronto Press, 1974, 406 p.

NOVAK, M., et collaborateurs, *Wild Funbearear Management and Conservation in North America*, ministère des Ressources naturelles de l'Ontario, 1987, 1 150 p.

PRESCOTT, J. et P. RICHARD, *Mammifères du Québec et de l'est du Canada*, volumes 1 et 2, Éditions France-Amérique, 1982, 437 p.

VAN ZYLL DE JONG, G.G. et E. VAN ANGEN, *Status Report on Eastern Cougar, Felis concolor cougar in Canada*, Comité sur le statut des espèces menacées de disparition au Canada, 1978, 25 p.

Buse à épaulettes

*Buteo
lineatus*

rousses

(Buse à épaulettes)

La Buse à épaulettes rousses est en quelque sorte le pendant diurne de la Chouette rayée. Bien que ses habitudes s'apparentent généralement à celles des autres oiseaux rapaces, elle tend cependant à démontrer un profond attachement à son site de nidification. En effet, tant et aussi longtemps qu'un secteur offre des sites propices à l'établissement d'un nid, les buses ont tendance à y revenir fidèlement. Contrairement à plusieurs de ses congénères, la Buse à épaulettes rousses est de nature farouche et réservée. Elle ne fait preuve d'agressivité que pendant la saison des amours et dans les situations où elle doit défendre le nid.

Description

À l'encontre de la majorité des oiseaux rapaces diurnes, la Buse à épaulettes rousses possède un plumage éclatant et coloré. D'un roux vif, ses épaulettes constituent sa principale caractéristique. Sa poitrine et son ventre portent de fines rayures brunes et affichent une coloration brun rougeâtre entremêlée de blanc et de chamois. Ses ailes larges et robustes présentent des taches noires et blanches et cette pigmentation dessine un damier lorsque les ailes sont en position repliée. Sa queue, plus longue que celle des autres buses, est de forme arrondie : l'extrémité est blanche, le dessus porte des rayures blanches et noires et le dessous accuse une coloration grisâtre. Quant aux jeunes, ils possèdent un plumage nettement moins roux. Ils se distinguent des adultes principalement par leur coloration brun foncé et un plus grand nombre de rayures peu prononcées sur la queue. Les juvéniles conserveront ces caractéristiques pendant une période d'environ 18 mois.

Membre de la famille des Accipitridés, la Buse à épaulettes rousses présente généralement une taille robuste, son poids variant de 550 à 700 g. La femelle, légèrement plus grande que le mâle, mesure en moyenne 55 cm et son partenaire, environ 5 cm de moins. Comme

Mark Tomalty, Masterfile

Dès leur jeune âge, les oisillons commencent déjà à se montrer vigoureux et se déplacent à l'intérieur du nid.

les autres oiseaux rapaces, cette buse a le bec fortement crochu. Elle est dotée aussi d'une acuité visuelle remarquable qui lui permet de repérer facilement ses proies capturées et immobilisées grâce à ses puissantes serres.

Mœurs

En mars, les premiers beaux jours du printemps incitent les Buses à épaulettes rousses à revenir dans leur habitat de reproduction. Là, elles iront parfois occuper un nid établi depuis plusieurs années. À leur arrivée, le mâle et la femelle, généralement unis pour la vie, survolent leur site en effectuant de grands cercles. À cette période de l'année, les Buses à épaulettes rousses s'agitent et font tellement de tapage qu'on a du mal à croire en leur nature réservée. Les cris répétés à la fois bruyants et plaintifs, les vols circulaires et les plongeons en piqué caractérisent cette espèce dont le comportement offre un spectacle de toute beauté.

Ce rituel terminé, le couple décide de l'emplacement du nid. Si l'ancien nid est encore en place et disponible, il s'y réinstalle la plupart du temps. Durant 4 à 5 semaines, la femelle et le mâle s'affairent à le consolider avec des branchages et à le rendre confortable en le tapissant

James M. Richards, *Valan Photos*

La femelle pond généralement 3 ou 4 œufs et l'incubation dure environ 28 jours.

de feuilles sèches, de mousse et de duvet. Occasionnellement, il arrive toutefois qu'ils choisissent plutôt d'occuper un nid abandonné par une autre espèce. En raison de sa taille, ce sera celui d'une autre buse, de la Chouette rayée ou encore de l'écureuil. Par ailleurs, certaines

buses préfèrent construire chaque année un nouveau nid qui sera également placé sur une branche solide, à une dizaine de mètres du sol. Pour la buse, le type d'arbre importe peu; il doit toutefois être de bonnes dimensions pour que les branches soient en mesure de supporter son imposante installation. Le nid de la Buse à épaulettes rousses fait environ 60 cm de diamètre extérieur et sa hauteur en compte souvent plus de 25!

Au Québec, la période de reproduction de cet oiseau rapace s'étale de la mi-avril à la fin d'août. La femelle pond généralement 3 ou 4 œufs, à intervalle de 2 à 3 jours. Dès la ponte du premier œuf, les deux parents se partagent l'incubation qui dure environ 28 jours. Lorsque les oisillons ont une dizaine de jours, ils commencent déjà à se montrer vigoureux et se déplacent à l'intérieur du nid. Quatre à cinq semaines plus tard, ils sont entièrement recouverts de plumes et prêts à effectuer leur première sortie. Ils apprennent alors à battre des ailes, tant près du sol qu'à travers les arbres. Les parents protègent et nourrissent les jeunes jusqu'à ce qu'ils démontrent l'habileté requise pour se débrouiller seuls. Tout comme les adultes, ils seront susceptibles d'être la proie du Grand-Duc d'Amérique, leur principal prédateur.

Habitat et alimentation

La Buse à épaulettes rousses fréquente les forêts mixtes et feuillues parfois situées à proximité de terrains découverts. Cependant, durant la saison de nidification, elle se retrouve surtout dans les régions humides et les boisés marécageux. Au cours de cette période, cette buse occupe le même territoire que la Chouette rayée. Bien que les deux oiseaux partagent le même type d'alimentation, ils font généralement bon ménage puisque la chouette s'active essentiellement la nuit. Ainsi, le régime alimentaire de la Buse à épaulettes rousses s'apparente à celui des autres rapaces et varie selon la saison, la disponibilité des proies et le succès de la chasse. En quête de nourriture, la buse plane au-dessus des arbres, des marais et des prairies et plonge à toute vitesse lorsqu'elle a repéré une proie. La plupart du temps, elle se nourrit d'écureuils, de souris, de jeunes oiseaux ainsi que de couleuvres, de crapauds et d'écrevisses.

Distribution

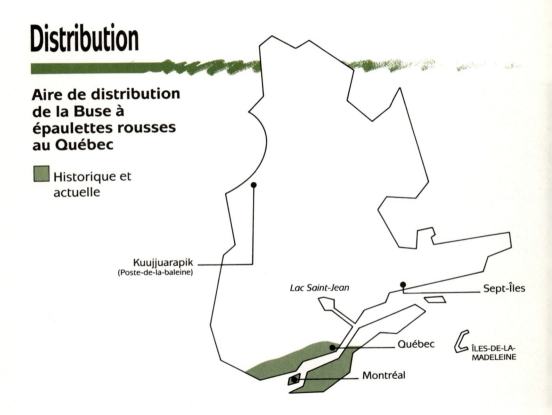

Aire de distribution de la Buse à épaulettes rousses au Québec

■ Historique et actuelle

Kuujjuarapik
(Poste-de-la-baleine)

Lac Saint-Jean

Sept-Îles

Québec

ÎLES-DE-LA-MADELEINE

Montréal

Parmi les cinq sous-espèces de Buses à épaulettes rousses qui existent à travers le monde, une seule d'entre elles se retrouve au Québec. Elle séjourne chez nous de la mi-mars à la mi-octobre et fréquente généralement tout le sud-ouest du Québec. À l'occasion, on la rencontre également dans la région du Lac-Saint-Jean et aux Îles Mingan. La Buse retourne passer l'hiver dans le sud des États-Unis mais exceptionnellement, elle peut hiverner au Québec. La Buse à épaulettes rousses se rencontre aussi sur l'ensemble du territoire des États-Unis ainsi qu'au Mexique.

Situation de l'espèce

Bien que la population de la Buse à épaulettes rousses soit mal connue au Québec, on sait qu'elle a décliné il y a quelques années, tout comme en Ontario. On la croit peu abondante mais stable depuis. Elle se concentre principalement dans la région la plus peuplée du Québec et s'avère sensible aux conséquences des activités humaines sur son habitat.

La Buse à épaulettes rousses se nourrit de rongeurs, de jeunes oiseaux ou encore de reptiles et d'amphibiens.

La perte d'habitats causée par le défrichement des forêts et l'assèchement des milieux humides compte parmi les facteurs ayant entraîné le déclin de l'espèce au Québec et en Ontario. Ce phénomène aurait également contribué à faire diminuer les populations d'Amphibiens, proies particulièrement recherchées par la Buse à épaulettes rousses. Les transformations de son habitat l'ont ainsi forcée à modifier son régime alimentaire. Pour se nourrir, l'espèce est donc entrée en compétition avec d'autres rapaces, notamment avec la Buse à queue rousse. Le partage d'un même régime alimentaire réduit le nombre de proies disponibles et, conséquemment, ne favorise pas le rétablissement de sa population.

Par ailleurs, comme l'ensemble des oiseaux de proie, la buse se situe au sommet de la chaîne alimentaire et démontre donc une grande sensibilité aux effets néfastes des contaminants toxiques et des pesticides comme le DDT. Tout comme chez le Faucon pèlerin, le

La Buse à épaulettes rousses fréquente les forêts mixtes et feuillues parfois situées à proximité de terrains découverts.

39

DDT provoque un amincissement graduel de la coquille des œufs, pouvant compromettre ainsi le succès de la reproduction. Enfin, comme plusieurs de ses congénères rapaces, la Buse à épaulettes rousses est trop souvent victime d'une chasse pratiquée par certains qui croient à tort que les oiseaux de proie sont nuisibles ou dangereux.

Quelques références

BENT, A.C., *Life Histories of North American Birds of Prey, Part one*, Dover Books on Nature, 1961, 409 p.

GODFREY, W.E., *Les oiseaux du Canada*, Musées nationaux du Canada, 1986, 650 p.

FAUCON PÈLERIN

Falco peregrinus

Chasseur des grands espaces, le Faucon pèlerin s'est forgé la réputation d'oiseau rapace le plus rapide au monde. Ses performances dépassent de loin celles de ses semblables puisque son vol en piqué, lorsqu'il s'abat sur sa proie, peut atteindre 300 km/h. Sa combativité, sa hardiesse et sa rapidité légendaires faisaient de lui l'espèce favorite des fauconniers.

tum). Cet oiseau rapace diurne appartient à la famille des Falconidés. Sa taille, semblable à celle d'une corneille, varie entre 38 et 50 cm et son poids se situe autour de 600 g. Comme chez la plupart des oiseaux de proie, la femelle du Faucon pèlerin est généralement plus grande que le mâle et son poids peut atteindre 950 g.

George Calef, *Masterfile*

Environ 75 % des œufs éclosent et les fauconneaux demeurent au nid pendant une période de cinq semaines.

Il existe 22 sous-espèces du Faucon pèlerin, dont deux se retrouvent au Québec : l'une vit au nord dans la zone de la toundra *(Falco peregrinus tundrius)* et l'autre plus au sud *(Falco peregrinus ana-*

Description

Il est relativement facile de reconnaître le Faucon pèlerin à sa tête, dont le dessus est noir, et aux deux bandes verticales de même couleur qui descendent sur chaque joue. Le plumage bleu ardoise du dos, de la surface supérieure des ailes et du croupion s'enjolive de rayures plus foncées. Les parties inférieures comme l'abdomen et les cuisses sont cependant blanchâtres ou de couleur crème, avec de petites taches et rayures brunes. Quant à sa queue, elle porte des rayures noires et blanches, mesure en moyenne 14 cm et se termine par un plumage blanc. Les fauconneaux se distinguent des adultes non seulement par leur taille, mais aussi par leur plumage brun et chamois. Un œil averti peut aussi voir une différence entre les deux sous-espèces vivant au Québec. La sous-espèce nordique est en effet de plus petite taille et possède un plumage plus clair et moins pigmenté.

Les serres du Faucon pèlerin sont puissantes et constituent une arme redoutable pour ses proies. Son bec, fortement crochu, possède une petite entaille ressemblant à une dent et qui sert à broyer les os de ses victimes. Cette entaille caractérise les faucons puisque les autres oiseaux rapaces diurnes, comme l'aigle, le busard ou l'épervier, en sont dépourvus.

Mœurs

Grand voyageur, le Faucon pèlerin se déplace annuellement pour gagner des pays plus chauds. La sous-espèce nordique parcourt de plus grandes distances que sa parente méridionale; la première se rend parfois vers des aires d'hivernage situées aussi loin que l'Argentine et le Chili alors que la seconde émigre davantage vers le sud des États-Unis et le nord de l'Amérique du Sud. Cependant, toutes deux reviennent chaque printemps au Québec pour rejoindre leur secteur respectif de nidification.

de mai, c'est généralement le mâle qui arrive le premier sur les sites de reproduction. S'il n'a pas de partenaire, le mâle devra courtiser pour attirer une femelle sur un site de nidification. Celle-ci n'acceptera toutefois ses avances que dans la mesure où le site proposé offre suffisamment de protection contre les prédateurs.

L'espace nécessaire à la reproduction du Faucon pèlerin est particulièrement étendu. Outre l'emplacement de son nid, il adopte un territoire de nidification correspondant au secteur défendu autour du nid et qui peut s'étendre à un

Greg Scott, Masterfile

Il est relativement facile de reconnaître le Faucon pèlerin à sa tête, dont le dessus est noir, et aux deux bandes de même couleur qui descendent sur chaque joue.

Les cycles de reproduction des deux sous-espèces sont sensiblement les mêmes, à l'exception de la durée de la période d'accouplement. Chez le Faucon pèlerin du nord du Québec, elle dure une semaine alors qu'elle s'étend sur deux mois et demi chez la sous-espèce méridionale. À la fin d'avril ou au début

Pierre Pouliot, M.L.C.P.

Sa combativité, sa hardiesse et sa rapidité légendaires faisaient de lui l'espèce favorite des fauconniers.

rayon de 200 m. Son domaine vital est cependant beaucoup plus grand puisqu'il constitue le territoire de chasse du couple. Le mâle et la femelle s'éloignent parfois en effet d'une trentaine de kilomètres du nid à la recherche de nourriture.

En général, le mâle et la femelle sont sexuellement actifs après 2 ans. Selon l'endroit et le climat, la ponte se produit entre mai et juillet et la couvée compte 3 ou 4 œufs. Chez le Faucon pèlerin, les œufs sont pondus à intervalle de 24 à 48 heures et l'incubation commence avant que la ponte ne soit complétée. Bien que la tâche de la couvaison incombe à la femelle, le mâle prend la relève de temps à autre. Environ 75 % des œufs vont éclore et les fauconneaux demeureront au nid pendant une période de 5 semaines. Après ce temps, ils seront capables de voler mais les adultes continueront de les nourrir pendant encore plusieurs jours. Le premier automne s'avère toutefois critique pour les jeunes qui doivent dès lors acquérir de l'expérience et parfaire leur habileté à chasser.

Habitat et alimentation

Le Faucon pèlerin séjourne au Québec environ 8 mois par année, soit de la migration printanière à la migration automnale, entre lesquelles a lieu la période de reproduction. Il niche généralement dans une falaise surplombant des espaces ouverts. Dans l'Arctique, puisqu'il ne retrouve pas toujours d'escarpements, l'oiseau niche sur des rives, des buttes et même sur des rochers. Exceptionnellement, lorsque le Faucon pèlerin est présent dans les villes, il s'établit sur des structures en hauteur érigées par l'homme.

Puisqu'il excelle dans la poursuite de ses proies en secteur dégagé, le Faucon pèlerin choisit un site de nidification près de milieux ouverts, comme les vallées agricoles, les marais et la toundra.

Robert Galbraith, *Valan Photos*

Lorsque le Faucon pèlerin est présent dans les villes, il s'établit sur des structures en hauteur.

Redoutable chasseur aérien, il se nourrit principalement d'oiseaux qu'il capture en atteignant une grande vitesse lors de plongeons en piqué. Les passereaux, pluviers, bécasseaux et certaines espèces de sauvagine sont alors projetés au sol ou tués sur le coup par le choc violent du doigt postérieur des serres. Si sa méthode de chasse demeure systématique, son menu varie néanmoins selon ses habiletés et son habitat. En milieu aquatique, il chasse parfois les goélands et les sarcelles tandis qu'en milieu urbain, il attaque des oiseaux terrestres comme l'étourneau, le geai bleu, le merle et le pigeon. Dans l'Arctique, le Faucon se nourrit d'oiseaux de rivage et de petits passereaux. Malgré sa grande renommée de chasseur, le Faucon pèlerin manque souvent sa cible lorsque la proie démontre une grande agilité ou qu'elle parvient à atteindre un refuge.

Distribution

Distribution du Faucon pèlerin au Québec (nidification)

- Aire de distribution
- Site de lâchers

Kuujjuarapik
(Poste-de-la-baleine)

Lac Saint-Jean

Sept-Îles

Québec

ÎLES-DE-LA-MADELEINE

Montréal

Le Faucon pèlerin de la sous-espèce **tundrius** se retrouve dans la partie septentrionale du Québec, au nord de la limite des arbres. Sa population est présente aux baies d'Hudson et d'Ungava. À l'extérieur du Québec, il fréquente la toundra de l'Alaska et du Groenland, les Territoires du Nord-Ouest de même que les îles de Baffin et Melville. Pour sa part, le Faucon pèlerin de la sous-espèce **anatum** niche au Québec comme dans le reste du Canada, sur tous les territoires situés au sud de la limite des arbres. Il fréquente tout le continent nord-américain, exception faite des régions de toundra.

Situation de l'espèce

La population nicheuse de la sous-espèce **anatum** est disparue du sud québécois au cours des années 1970. Depuis lors, les quelques individus observés doivent leur existence aux programmes gouvernementaux de repeuplement. La population nordique, quant à elle, est plus importante et quoique menacée, elle n'est actuellement pas en danger de disparition.

De nombreuses causes de mortalité furent identifiées à la suite du déclin des populations de Faucon pèlerin en Amérique du Nord. Ainsi, le développement urbain, la construction de routes, les lignes à haute tension, de même que la récolte d'œufs et le braconnage ont nui à l'espèce. On s'accorde toutefois à dire que l'utilisation massive de pesticides, en particulier le DDT, constitue la cause principale du déclin des populations de Faucon pèlerin. En effet, en tant que prédateur situé au sommet de la pyramide alimentaire, le Faucon consomme des proies qui ont déjà elles-mêmes accumulé de grandes quantités de pesticides. Ces substances toxiques, qui peuvent se retrouver en concentration élevée dans la chair du Faucon, agissent sur la formation de la coquille des œufs. Celle-ci devient de plus en plus mince, à un point tel que l'œuf ne peut plus supporter le poids du parent couveur. L'utilisation du DDT est toutefois interdite maintenant en Amérique du Nord.

Afin de rétablir le Faucon pèlerin dans les régions où il se retrouvait jadis, le Service canadien de la faune a amorcé, en 1970, un programme de repeuplement qui consiste à élever de jeunes Faucons, puis à les relâcher dans des endroits propices à leur survie. Au Québec, le programme est sous la responsabilité du ministère du Loisir, de la Chasse et de la Pêche qui le réalise en collaboration avec le Service canadien de la faune, le collège Macdonald et de nombreux autres intervenants. L'objectif vise à établir d'ici 1992 au moins 10 couples nicheurs répartis dans 6 secteurs localisés au sud du Québec.

Grâce à ce programme, environ 200 fauconneaux ont été libérés tant en ville qu'en milieu naturel. Si tout va bien, les oiseaux auront tendance, vers l'âge de 2 ou 3 ans, à revenir annuellement se reproduire. Jusqu'à présent, les résultats obtenus sont positifs et indiquent que l'objectif devrait être atteint en 1992.

Malgré ce succès impressionnant, la survie du Faucon pèlerin au Québec n'est pas assurée pour autant. Des activités humaines de toute nature continuent en effet de menacer l'habitat du Faucon pèlerin et, de plus, certains faucons hivernent dans des pays d'Amérique centrale où l'utilisation du DDT n'est pas prohibée. D'autre part, des Faucons pèlerins sont encore abattus par des gens qui croient à tort que les oiseaux de proie sont nuisibles. À cet égard, la loi québécoise interdit toute forme de chasse aux oiseaux de proie et ce, à longueur d'année.

Quelques références

ANONYME, *Plan tactique sur le Faucon pèlerin,* ministère du Loisir, de la Chasse et de la Pêche, 1987, 54 p.

GODFREY, W.E., *Les oiseaux du Canada,* Musées nationaux du Canada, 1986, 650 p.

TARDIF, F., *Rapport sur la situation du Faucon pèlerin (Falco peregrinus) au Québec,* Association des biologistes du Québec, série «Faune et flore à protéger au Québec», Publication n° 4, 1984.

PIE-GRIÈCHE

Lanius ludovicianus

MIGRATRICE

La Pie-grièche migratrice est un oiseau qui présente une étonnante combinaison d'immobilité absolue et d'activité intense. Du haut d'un fil téléphonique, elle est aux aguets, figée comme un bronze; l'instant d'après, elle s'élance avec une rare précision sur une proie souvent située à une distance de plusieurs mètres. Si son vol semble parfois laborieux, le battement rapide de ses ailes lui permet tout de même d'atteindre une vitesse de 40 km/h. Cet oiseau est doté d'une vue tout à fait exceptionnelle, son œil vif et alerte pouvant repérer aisément la sauterelle qui se croit bien à l'abri dans les hautes herbes.

Les Moineaux domestiques, les fauvettes, les petits rongeurs, les insectes, comme les sauterelles et les grillons, composent l'essentiel du menu de la Pie-grièche migratrice.

Robert C. Simpson, Valan Photos

Description

La Pie-grièche migratrice fait partie de la famille des Laniidés; la Pie-grièche boréale en est l'unique autre représentante au Québec. Bien que robuste, la Pie-grièche migratrice est de taille moyenne et ne mesure généralement pas plus de 20 cm. On peut la reconnaître à son plumage gris foncé, mais surtout à son masque noir qui se prolonge par une étroite bande au bas du front. Quant aux petits, ils se distinguent par leur coloration plus claire et par l'absence de noir sur le front. Les pattes de l'oiseau sont assez robustes mais les serres sont mal adaptées pour saisir les proies. Pour pallier cette lacune, la Pie-grièche empale ses proies sur les arbrisseaux épineux et les fils de fer barbelé. Cette habitude lui permet d'immobiliser sa victime avant de la manger. Dotée d'un bec crochu, dont la partie supérieure est munie d'une saillie en forme de dent, elle peut facilement broyer les os. La Pie-grièche n'est pas renommée pour la qualité de son chant. Elle fait toutefois entendre un mélange de sons mélodieux et rauques qui deviennent plus gutturaux et criards pendant la saison des amours.

Mœurs

Oiseau migrateur, la Pie-grièche passe la majeure partie de son temps dans les pays situés plus au Sud. Contrairement au Merle d'Amérique qui voyage par groupe avec ses semblables, la Pie-grièche est une solitaire qui préfère franchir seule les grandes distances.

La Pie-grièche migratrice peut se reproduire dès le premier printemps et a tendance à revenir chaque année au même site de reproduction. C'est au mois de mars que le mâle courtise la femelle, d'abord par son chant, puis par des battements d'ailes et quelques extensions de la queue. Témoin de cette parade, la femelle prend généralement une attitude hautaine et peu bienveillante. Une fois le couple formé, c'est avec beaucoup d'acharnement qu'il construit le nid. La femelle s'y installe pour pondre de 4 à 6 œufs de couleur blanc grisâtre, marqués de taches brunes et grises. Le mâle et la femelle se partagent l'incubation qui dure, en moyenne, 14 jours. Habituellement, 3 ou 4 petits naissent annuellement par couvée. Cependant, des températures froides et humides sont parfois responsables d'un haut taux de mortalité, tant chez les jeunes que chez les adultes. Les oisillons éprouvent de la difficulté à survivre la première année : seulement 50 % à 60 % d'entre eux reviendront en effet se reproduire au prochain printemps.

Habitat et alimentation

Pour bâtir son nid, la Pie-grièche migratrice fait preuve de talent et de débrouillardise. Les matériaux qu'elle déniche défient l'imagination : brindilles et radicelles, fibres végétales, laine et coton, poils et plumes, chiffons et papier et quoi encore! En général, elle établit ses quartiers à plusieurs mètres du sol, dans un arbre ou un buisson. L'emplacement choisi offre souvent un environnement plutôt dégagé où se dispersent arbres et arbrisseaux. On la retrouve très souvent dans les vergers abandonnés, près des aubépines et des clôtures barbelées. Aussi, les espaces à découvert mettent souvent à sa disposition des poteaux de téléphone et des fils électriques qui lui

Jacques Robert, Jacana — Publi-Photo

Cet oiseau est doté d'une vue tout à fait exceptionnelle.

servent de postes d'observation. Du haut des airs, cet oiseau carnivore fait le guet en quête de nourriture. Les moineaux domestiques, les fauvettes, les petits rongeurs, les insectes, comme les sauterelles et les grillons, composent l'essentiel de son menu. La Pie-grièche démontre une grande capacité d'adaptation pour son alimentation, variant son régime selon les proies disponibles et les saisons.

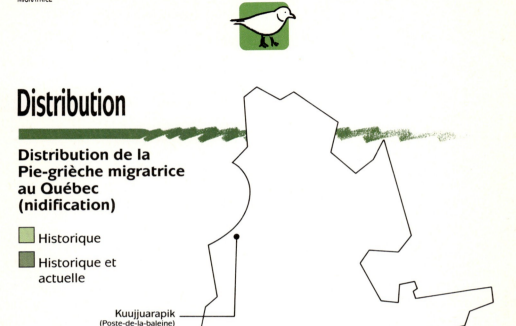

Distribution

Distribution de la Pie-grièche migratrice au Québec (nidification)

◼ Historique

◼ Historique et actuelle

Kuujjuarapik
(Poste-de-la-baleine)

Lac Saint-Jean

Sept-Îles

Québec

ÎLES-DE-LA-MADELEINE

Montréal

La Pie-grièche migratrice niche généralement au sud-ouest du Québec: dans les basses terres du Saint-Laurent, entre les Laurentides et les Appalaches. Elle hiverne dans le sud-est des États-Unis, du New Jersey à la Caroline du Sud, et se rend jusqu'en Floride.

Outre le Québec, elle niche au sud des Prairies, de l'Ontario, du Nouveau-Brunswick ainsi qu'en Nouvelle-Écosse. Ailleurs en Amérique du Nord, on la retrouve sur l'ensemble du territoire des États-Unis.

Situation de l'espèce

Le déclin de la population de la Pie-grièche migratrice s'est amorcé au cours des années 1960. Quelques études ont été entreprises afin de cerner les motifs de sa disparition mais, à l'heure actuelle, on ne peut qu'avancer un certain nombre d'hypothèses susceptibles d'avoir contribué à la diminution de sa population.

Les prédateurs de la Pie-grièche ne jouent pas un rôle important parmi les facteurs reliés à son déclin. L'oiseau adulte a comme ennemi d'autres oiseaux de proie, en particulier le Grand-Duc d'Amérique. Ses œufs sont souvent la proie d'oiseaux et de rongeurs tels que la corneille et le Raton laveur. Par contre, des études démontrent clairement que les collisions entre l'oiseau et l'automobile représentent une cause majeure de mortalité. La Pie-grièche niche en effet près des terrains à découvert et se perche sur les fils électriques, des endroits généralement sillonnés de routes. Ainsi, souvent attiré par les insectes et les rongeurs qui fréquentent les routes asphaltées pour la chaleur qu'elles procurent, l'oiseau multiplie les risques d'être happé par un véhicule. Et il joue souvent de malchance en raison de sa difficulté à s'élever rapidement dans les airs.

la disparition de ses habitats, causée par le développement des monocultures de céréales, apparaît comme un autre facteur ayant contribué au déclin de cette population au Québec.

Robert C. Simpson, *Valan Photos*

Pour compenser la faiblesse de ses serres, la Pie-grièche empale ses proies sur les arbrisseaux épineux et les fils de fer barbelés.

Les températures froides et pluvieuses ne facilitent pas non plus la survie de l'oiseau. En fait, les chutes importantes de température ont pour effet de diminuer les populations d'insectes qui contribuent, pour une bonne part, à son alimentation. Comme tous les oiseaux prédateurs, la Pie-grièche se situe au sommet de la chaîne alimentaire et absorbe par son alimentation des résidus toxiques provenant de l'utilisation de produits chimiques. On croit que ces produits ont pu toucher dangereusement la reproduction de l'espèce. Enfin,

Quelques références

BENT, A.C., *Life Histories of North American Wagtails, Shrikes, Vireos and their Allies*, Dover Books on Nature, 1965, 411 p. + 48 photos.

CADMAN, M.D., *Status Report on the Loggerhead Shrike (Lanius ludovicianus) in Canada*, Comité sur le statut dès espèces menacées de disparition au Canada, 1986, 95 p.

GODFREY, W.E., *Les oiseaux du Canada*, Musées nationaux du Canada, 1986, 650 p.

PLUVIER

Charadrius melodus

SIFFLEUR

Description

Membre de la famille des Chara-driidés, le Pluvier siffleur est un oiseau échassier dont la taille s'apparente à celle de l'étourneau. Oiseau de rivage au corps trapu, il mesure environ 17 cm et semble ne pas avoir de cou tant celui-ci est court. À plusieurs égards, il res-semble à son cousin, le Pluvier à collier, mais s'en distingue principalement par un collier discontinu et une coloration chamois pâle et grisâtre, par l'absence de taches sur les joues et la présence d'une petite bande noire caractéristique sur le front.

Les pattes orange du Pluvier siffleur sont plutôt longues et ne comptent que trois doigts qui laissent sur le sable une trace palmée. Ses yeux sont relative-ment gros et son bec court, de couleur orange, rappelle celui des pigeons. Le Pluvier siffleur est discret et comme un ventriloque, il fait entendre un «couîp» délicat qui permet de le reconnaître.

Mœurs

Durant la saison hivernale, le Pluvier siffleur séjourne principalement aux États-Unis, le long des côtes de la Flo-ride, du Texas et de l'Alabama. Parfois, il migre jusqu'au golfe du Mexique et re-vient au Québec pour la saison des amours. Son arrivée, qui s'étend de la fin mars à la mi-mai, marque la période de nidification. Le Pluvier siffleur est habi-tuellement fidèle à son compagnon ou sa compagne. Il revient annuellement sur la même plage pour établir son nid à travers le gravier et les petits coquillages brisés. Ces fragments de coquilles blan-châtres lui servent surtout pour camou-fler ses œufs. Généralement, l'oiseau peut se reproduire dès la première an-née de sa vie.

À son arrivée sur la plage, le mâle éta-blit son territoire et le défend agressive-ment contre ses semblables. Par la suite, il s'empresse de courtiser la femelle en effectuant des figures planées en forme de huit au-dessus du site de nidification. D'ordinaire, il accompagne ce cérémo-nial de nombreuses vocalises. C'est dans un nid creusé dans le sable que la fe-melle pond ses œufs. Les deux parents se partagent ensuite l'incubation. Géné-ralement au nombre de quatre, les œufs blanchâtres, tachetés de brun ou de noir, mettent 28 jours à éclore. Dès l'éclosion, les oisillons quittent leur nid mais doi-vent attendre la fin de juillet pour voler

Robert C. Simpson, *Valan Photos*

Généralement au nombre de quatre, les œufs blanchâtres, tachetés de brun ou de noir, mettent 28 jours à éclore.

et se procurer eux-mêmes leur nourri-ture. Entre-temps, le mâle et la femelle leur donneront la becquée et les proté-geront, allant même jusqu'à feindre une aile cassée si un prédateur s'approche trop près du nid. Cette ruse permet de détourner l'attention de l'intrus, qui ten-tera plutôt sa chance auprès d'une proie qu'il croit blessée, et de sauver ainsi les oisillons vulnérables. On estime cepen-dant qu'un bon nombre de jeunes péris-sent au cours de la première migration.

Habitat et alimentation

Le Pluvier siffleur fréquente les grèves sablonneuses et construit son nid dans les zones où les plages laissent voir une surface de petits cailloux et de coquillages. Cependant, il arrive parfois qu'il niche un peu plus haut sur la grève, dans des endroits à faible végétation. Généralement, son nid consiste en une petite dépression dans le sable, située au-dessus du niveau de la mer. Le Pluvier siffleur varie son alimentation en fonction des insectes et des petits crustacés qui fréquentent le rivage.

Distribution

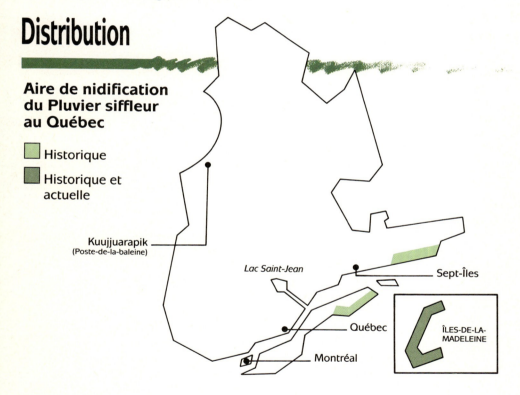

Aire de nidification du Pluvier siffleur au Québec

☐ Historique

■ Historique et actuelle

Kuujjuarapik
(Poste-de-la-baleine)

Lac Saint-Jean

Sept-Îles

Québec

Montréal

ÎLES-DE-LA-MADELEINE

Le Pluvier siffleur est une espèce qui ne se retrouve qu'en Amérique du Nord. Au Québec, on le rencontrait jadis dans la Baie-des-Chaleurs et les observations faites jusqu'à ce jour laissent croire à sa disparition dans la région de la Côte-Nord. Toutefois, une centaine d'individus fréquentent toujours les Îles-de-la-Madeleine. Outre sa distribution au Québec, l'oiseau occupe la région des Grands Lacs ainsi que les provinces des Prairies. Le Pluvier siffleur niche également dans les Maritimes. Il hiverne sur la côte est américaine, de la Caroline du Sud à la Floride, ainsi que le long du golfe du Mexique jusqu'au Texas.

Situation de l'espèce

C'est durant sa période de reproduction que le Pluvier siffleur est surtout vulnérable. Ses œufs sont parfois dévorés par des prédateurs, tels que la corneille, le goéland ou le renard, ainsi que par les chiens et les chats. Aussi, face aux grandes marées et aux violentes tempêtes, le Pluvier siffleur risque de voir son nid inondé et ses œufs perdus, puisqu'il l'aménage généralement entre la limite des hautes eaux et le niveau des plus hautes marées. Adapté à une telle

Robert C. Simpson, *Valan Photos*

C'est dans un nid creusé dans le sable que la femelle pond ses œufs.

situation, le Pluvier siffleur peut néanmoins effectuer une nouvelle ponte qui comportera autant d'œufs. Mais tout danger n'est pas pour autant écarté, puisque cette deuxième ponte survient généralement en juillet. À cette période de l'année, les plages sont très fréquentées pour la pratique d'activités récréatives comme la balade, la planche à voile et la baignade. Pour un peu de tranquillité, il quittera alors son nid pour s'installer dans des endroits où les prédateurs risquent toutefois d'être plus nombreux. Mais c'est la circulation sur les plages en

véhicule motorisé qui représente le facteur le plus menaçant pour sa survie. Ces véhicules détruisent en effet les nids et dispersent les jeunes qui deviennent alors très vulnérables aux prédateurs.

Robert C. Simpson, *Valan Photos*

En raison de la situation précaire du Pluvier siffleur, on élabore un programme visant à rétablir sa population au Québec et dans l'est du Canada.

Depuis 1918, la chasse de cet oiseau et la récolte de ses œufs sont interdites. Dans le but de préserver l'espèce, il est primordial de respecter les interdictions d'accès affichées pour certaines grèves et d'éviter de fréquenter les sites de nidification lors d'activités récréatives sur les plages. Une attitude de respect et de conservation peut aussi se traduire en s'abstenant de circuler en véhicule motorisé sur les plages lors de la période de reproduction.

Enfin, en raison de la situation précaire du Pluvier siffleur, les autorités gouvernementales élaborent actuellement un programme visant à rétablir sa population au Québec et dans l'est du Canada.

Quelques références

GODFREY, W.E., *Les oiseaux du Canada,* Musées nationaux du Canada, 1986, 650 p.

SHAFFER, F. et C. PINEAU, 1987, *État du Pluvier siffleur (Charadrius melodus) aux Îles-de-la-Madeleine,* Association québécoise des groupes d'ornithologues, 1987, 32 p. + annexes.

TOURTE

*Ectopistes
migratorius*

Connue aussi sous le nom de Pigeon voyageur, la Tourte est probablement l'espèce d'oiseau ayant été la plus abondante en Amérique du Nord. On raconte que les Tourtes étaient si nombreuses que leur volée obscurcissait la lumière du jour comme s'il se fût agi d'une éclipse. Encore au XIXᵉ siècle, elles se comptaient par milliards alors qu'elles sont actuellement disparues de la surface de la planète. Seuls des spécimens naturalisés témoignent aujourd'hui de leur existence passée.

Description

La Tourte comptait parmi l'une des plus belles espèces de Pigeons. Son riche plumage fauve, roux et bleuâtre à reflets métalliques s'apparentait à celui de la Tourterelle triste. La femelle se distinguait du mâle par ses plumes moins éclatantes, mais surtout par la coloration blanche de son ventre. Quant aux jeunes, ils s'apparentaient surtout à leur mère, les extrémités des plumes de la tête, du cou et du haut de la poitrine accusant, comme la mère, une teinte blanchâtre.

Comme les autres Pigeons, la Tourte se propulsait en battant des ailes avec une extrême rapidité. Tachetées noir et roux, elles étaient puissantes et permettaient à l'oiseau de parcourir de grandes distances dans un court laps de temps. Certains prétendent que la Tourte pouvait franchir 90 km en une heure!

De bonnes dimensions, la Tourte mesurait entre 38 et 46 cm, incluant sa queue effilée qui pouvait atteindre 18 cm. Son corps présentait une forme ovale et allongée et ses muscles étaient puissants.

La Tourte avait une démarche curieuse. Avec ses pattes plutôt courtes, elle semblait maladroite en avançant par secousses et petits sauts dans les hautes herbes. Lorsqu'elle s'immobilisait au sol, elle semblait toujours être en alerte : sa longue queue se maintenait au même niveau que le dos et sa tête, bien haute, constamment en position d'attention. Reconnue pour sa grande acuité visuelle, la Tourte, du haut des airs et avec ses yeux rouges vifs, inspectait les champs et repérait avec facilité les endroits propices à son alimentation. On raconte que les Tourtes se rassasiaient en quelques heures en détruisant de nombreuses récoltes. Leur digestion s'effectuait si rapidement que leur jabot rempli en fin de journée était déjà vide au matin. À l'aube, elles étaient de nouveau prêtes à s'alimenter.

Mœurs

La Tourte nichait habituellement en avril et presque toujours en grandes colonies. Elles choisissaient un endroit où la nourriture était abondante et, de préférence, à proximité d'une rivière ou d'un plan d'eau. Comme tous les Pigeons, la Tourte buvait beaucoup et aimait se baigner. Il était fréquent de la voir s'immerger la tête dans l'eau, jusqu'à la hauteur des yeux, et boire ainsi jusqu'à ce qu'elle soit désaltérée.

Assuré de la qualité du site, le mâle courtisait la femelle en la suivant solennellement. Sur le sol ou dans les branches, il lui faisait la cour en plaçant sa queue en éventail et en laissant pendre ses ailes de chaque côté du corps. La gorge gonflée et les yeux brillants, il faisait entendre son chant en se rapprochant doucement de sa partenaire. Si celle-ci acceptait ses avances, le couple se caressait en se becquetant; le bec de l'un était introduit dans celui de l'autre et, alternativement, le mâle et la femelle se donnaient la nourriture contenue dans leur jabot. Ensuite, le couple s'affairait à la construction du nid. Généralement composé de branchages et de brindilles entrecroisés, il était supporté par la fourche d'une branche située de 2 à 15 m du sol. Sur le même arbre, on pouvait souvent compter une centaine de nids.

La ponte ne donnait habituellement qu'un seul œuf de forme ovale et tout à fait blanc. L'incubation durait environ 14 jours et était assurée par les deux parents. Lorsque la femelle couvait, le mâle se chargeait de son alimentation. Le comportement des deux oiseaux lors de la couvaison était, semble-t-il, un spectacle attendrissant. Au moment de l'éclosion, le petit naissait aveugle et sans duvet. Sa peau n'était alors recouverte que d'une fine pellicule d'écailles blanches. Au cours des premiers jours, les deux parents nourrissaient leur rejeton. Pour ce faire, ils introduisaient dans son bec une sorte de liquide blanchâtre appelé «lait de pigeon», lequel était produit par leur jabot hautement spécialisé. Dès que le petit était en mesure de se déplacer, il quittait ses parents et à la fin du sixième mois, il était à son tour prêt à se reproduire.

Habitat et alimentation

Les Tourtes fréquentaient généralement les forêts mixtes ou feuillues mais on les retrouvait parfois aussi près des marécages. Elles nichaient habituellement dans les endroits offrant les plus hautes futaies. Le régime alimentaire de la Tourte était très varié. Il se composait de glands, de petits fruits ainsi que d'insectes, de larves et de chenilles. À l'été, au grand désespoir des agriculteurs, elles envahissaient en bandes nombreuses les champs de blé, de pois et autres graminées.

La Tourte consommait une quantité prodigieuse de nourriture car elle dépensait une grande énergie au cours de ses longs vols. On dit que la Tourte pouvait manger plus d'un demi-litre de fruits ou de graines par jour. Pour se nourrir, elle n'utilisait jamais ses pieds pour gratter mais se servait de son bec pour retourner la terre ou les feuilles des arbres.

Situation de l'espèce

La Tourte est disparue aujourd'hui. La dernière représentante de l'espèce, surnommée Martha, s'est éteinte en 1914 au jardin zoologique de Cincinnati. C'est au milieu du XIXe siècle que la population de Tourtes a commencé à décroître. Déjà en 1890, la Tourte était complètement disparue du Québec. Plusieurs facteurs sont responsables de sa disparition. Le défrichement effectué au cours des années 1870 aurait réduit les aires de nidification ainsi que les sources de nourriture. D'autre part, puisqu'elle ravageait les récoltes, il va sans dire que les agriculteurs ne l'appréciaient guère. Ils la capturèrent donc en grand nombre à l'aide d'immenses filets.

Mais c'est sans contredit la chasse à des fins commerciales et de consommation qui est la cause première de sa disparition. La Tourte a été chassée principalement pour sa chair: elle constituait à l'époque une nourriture permettant de varier le menu quotidien. On la salait en barils, notamment, et on la vendait quelques sous la douzaine. De plus, ses œufs faisaient l'objet de commerce et on se servait également de ses plumes pour fabriquer matelas et oreillers.

La Tourte ne survit aujourd'hui dans l'imagerie populaire qu'à travers la lointaine étymologie du terme «tourtière», mets qui garnit et agrémente encore notre table traditionnelle.

Distribution

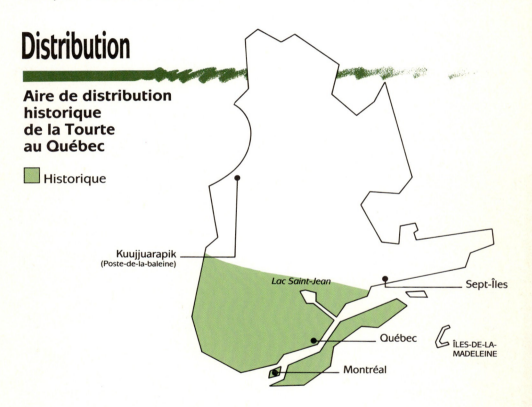

Aire de distribution historique de la Tourte au Québec

■ Historique

Kuujjuarapik
(Poste-de-la-baleine)

Lac Saint-Jean

Sept-Îles

Québec

ÎLES-DE-LA-MADELEINE

Montréal

Au Québec, la Tourte habitait autrefois tout le sud, au nord jusqu'à la baie d'Hudson et à l'est jusqu'en Gaspésie. Occasionnellement, on la retrouvait à Pointe-des-Monts et à l'île d'Anticosti. Aussi, la rencontrait-on souvent du côté sud du fleuve, dans la région de Trois-Pistoles. Elle fréquentait également tout le sud des autres provinces canadiennes, des Maritimes aux Prairies. Aux États-Unis, elle nichait dans certains États du centre, comme le Montana et le Dakota, et hivernait dans le sud-est, notamment au Mississipi et en Georgie.

Quelques références

SCHORGER, A.W., **The Passenger Pigeon: It's Natural History and Extinction**, University of Oklahoma Press, 1955, 424 p.

GUAY, D., «La disparition de la Tourte», **Carnets de zoologie**, volume 48, numéro 2, 1988, pp. 31-38.

Bar rayé du

Morone saxatilis

Saint-Laurent

Depuis longtemps, les pêcheurs sportifs et commerciaux ont démontré un grand intérêt pour le Bar rayé. Recherchée pour sa chair blanche et délicate, l'espèce faisait aussi l'objet d'importants tournois de pêche. Dès l'automne, les adeptes lançaient leur ligne en aval de Québec dans l'espoir de se mesurer à ce poisson combatif pouvant atteindre parfois 14 kg. Le Bar rayé, anciennement appelé Bar d'Amérique, est une espèce anadrome, c'est-à-dire qu'il vit en mer et se reproduit en eau douce. Aujourd'hui, il est presque disparu du fleuve Saint-Laurent.

Description

Le Bar rayé appartient à la famille des Percichthyidés, tout comme le Bar blanc et le Baret. Comme tous les membres de sa famille, le Bar rayé possède deux nageoires dorsales bien séparées dont l'une, antérieure, est munie de 9 épines. Sa bouche est pourvue de nombreuses petites dents acérées situées sur les mâchoires ainsi que de chaque côté de la langue. Son corps allongé est vert olive foncé et ses flancs prennent un ton argenté pour devenir blanc sur le ventre. Comme son nom l'indique, le Bar rayé porte sur chaque flanc 7 ou 8 rayures horizontales qui se découpent en relief en épousant le contour des rangées d'écailles. Elles sont toutes situées au-dessus des nageoires pectorales, à l'exception de la rayure inférieure. Les jeunes Bars rayés sont généralement dépourvus de ces lignes caractéristiques. Sa taille moyenne peut varier considérablement selon les conditions de son environnement mais, en général, il mesure entre 50 et 75 cm et son poids atteint de 2,5 à 6 kg.

Mœurs

On dispose de peu de données biologiques concernant la population de Bar rayé du Saint-Laurent, comparativement à celle vivant sur la côte est américaine. Le Bar rayé, comme le Saumon atlantique, fraie en eau douce et remonte sa rivière natale pour aller se reproduire.

Aquarium, Centre marin de Shippagan

Vivant généralement près des côtes, le Bar rayé habite une grande diversité de milieux.

Chez la population du fleuve Saint-Laurent, les géniteurs avaient l'habitude de migrer dès l'automne, jusqu'en amont du lac Saint-Pierre. Toutefois, la fraie n'avait lieu qu'au printemps, soit de la mi-mai à la mi-juin, et elle s'effectuait surtout dans la région du lac Saint-Pierre et de ses tributaires. Généralement, c'est à partir de sa quatrième année ou lorsqu'il a atteint une taille d'environ

40 cm que le Bar rayé parvient à maturité sexuelle. Selon des études réalisées aux États-Unis, les adultes peuvent frayer jusqu'à l'âge de 14 ans, mais les femelles ne fraient pas nécessairement chaque année. Les mâles, beaucoup plus nombreux que les femelles, sont les premiers à se rassembler sur les frayères et, comme leurs partenaires, jeûnent durant toute la période de fraie. Après l'arrivée des femelles et lorsque la température de l'eau atteint au moins 10°C, l'espèce est prête à se reproduire. La fraie dure alors de 3 à 4 semaines si la population est importante, et pas plus de 2 ou 3 jours si la population est peu nombreuse.

Au moment de la reproduction, les Bars rayés forment des groupes et se tiennent près de la surface de l'eau. Parfois, les mâles sont une cinquantaine à entourer une seule femelle. La fraie commence généralement à la tombée du jour et donne lieu à de longs ébats, à des sauts et des battements de queue qui provoquent des éclaboussements dans toutes les directions. Le nombre d'œufs produits par une femelle varie proportionnellement avec son poids. Par exemple, une femelle de 6 kg peut produire un million d'œufs; toutefois, au moment de la fraie, seulement 150 000 environ seront matures et prêts à être libérés. Verts et translucides, ils mesurent environ 1 mm avant leur expulsion et gonflent jusqu'à 3,6 mm après avoir été fécondés par la laitance du mâle. Ils sont aussi semi-pélagiques, c'est-à-dire qu'ils restent en suspension dans l'eau, et peuvent ainsi être disséminés par le courant. Le temps de leur éclosion varie selon la température de l'eau: à 15°C, ils mettront environ 72 heures à éclore mais à 18°C, les larves verront le jour après quelque 48 heures. Le succès de la reproduction dépend, bien sûr, du nombre d'œufs pondus mais aussi de facteurs facilitant leur développement.

Un taux d'oxygène adéquat et une vitesse minimale de courant assurant le transport des larves vers des zones propices à l'alimentation représentent des conditions essentielles à ce développement. Les larves se nourrissent principalement de zooplancton alors que les jeunes poissons consomment crevettes et crustacés de petite taille ainsi que des vers marins et des insectes.

Habitat et alimentation

Après la fraie printanière, le Bar rayé retourne vers des eaux salées et saumâtres et se tient surtout dans des fonds sablonneux pouvant contenir du gravier. Adapté aux eaux turbides*, il vit généralement près des côtes. Par ailleurs, le Bar rayé est une espèce qui habite une grande diversité de milieux. C'est ainsi qu'on le retrouve aussi bien dans les lacs et rivières qu'en milieu marin.

Reconnu comme un prédateur vorace, le Bar rayé varie son régime alimentaire selon son âge mais aussi selon la saison et les conditions du milieu. Piscivore, les espèces en bancs constituent ses principales proies. Il se nourrit surtout de Poulamons atlantiques, d'Éperlans arc-en-ciel, de jeunes harengs ainsi que de jeunes Aloses savoureuses. Il consomme également divers crustacés ainsi que des crevettes. Le Bar rayé se distingue par sa façon particulière de se nourrir: plutôt que de s'alimenter de façon régulière, il se gave pour ensuite cesser de manger jusqu'à ce que sa digestion soit terminée. Aussi, les individus d'un banc se nourrissent-ils tous en même temps. Par ailleurs, le cannibalisme est présent dans certaines populations de Bar rayé.

---

* Turbide: brouillé, peu transparent.

Distribution

Aire de distribution connue du Bar rayé au Québec

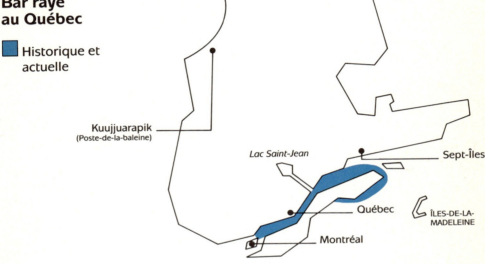

Historique et actuelle

Kuujjuarapik
(Poste-de-la-baleine)

Lac Saint-Jean

Sept-Îles

Québec

ÎLES-DE-LA-MADELEINE

Montréal

Au Québec, le Bar rayé représente une population localisée à la limite nord de la distribution géographique de l'espèce. On le retrouvait jadis dans le fleuve et l'estuaire du Saint-Laurent, entre Rivière-du-Loup et le lac Saint-Pierre, parfois jusque dans la région de Montréal. Ce poisson anadrome fréquentait les régions comprises entre Trois-Pistoles et la Baie-des-Chaleurs. Partant du Saint-Laurent, on le rencontre le long de la côte Atlantique jusqu'en Floride, sur une partie de la côte du golfe du Mexique. Introduit à la fin du siècle dernier, il est présent aussi dans plusieurs États américains situés près de la côte du Pacifique. On l'a également introduit en France, au Portugal et en URSS.

Situation de l'espèce

Depuis 1966, le Bar rayé est pratiquement disparu des secteurs du fleuve Saint-Laurent où il était jadis abondant. S'il subsiste encore une petite quantité d'individus, il est indéniable que leur survie est précaire.

La diminution de la population du Bar rayé vivant dans le Saint-Laurent est principalement imputable à l'homme puisqu'à l'âge adulte, il ne connaît pas d'autres prédateurs. On estime que le déclin de la population s'est amorcé au cours des années 1950 et qu'il découle d'une combinaison de plusieurs facteurs. Entre 1954 et 1965, les travaux de dynamitage et de dragage effectués dans le fleuve Saint-Laurent ont sans

C'est au cours des années 1950 que la population de Bar rayé du Saint-Laurent a amorcé son déclin.

Gérard Bilodeau

Gérard Bilodeau

Recherché pour sa chair blanche et délicate, le Bar rayé faisait l'objet d'importants tournois de pêche.

vulnérable à la capture. Conséquemment, la surexploitation de cette population par la pêche commerciale et récréative ainsi que la capture illégale de géniteurs sur les frayères ont également contribué à la quasi-disparition du Bar rayé dans le fleuve Saint-Laurent.

doute en effet touché la population du Bar rayé. Ces interventions maritimes auraient amené une augmentation des sédiments en suspension et provoqué une remise en circulation des substances toxiques depuis longtemps déposées sur le fond. L'accroissement des sédiments présents dans l'eau aura rendu inutilisables bon nombre de frayères tandis que les substances toxiques auraient contaminé les proies consommées par le Bar rayé.

De plus, son comportement grégaire, ses migrations et sa tendance à se tenir près de la côte en font une espèce très

Quelques références

BEAULIEU, H. et S. TRÉPANIER, **Rapport sur la situation du Bar rayé** (morone saxatilis), Association des biologistes du Québec (sous presse).

SCOTT, W.B. et E.J. CROSSMAN, **Poissons d'eau douce du Canada**, Office des recherches sur les pêcheries du Canada, Bulletin nᵒ 184, 1974, 1 026 p.

Déjà parues

La faune du Québec et son habitat
(Série de 15 brochures)

La faune du Québec
(Série de 21 fiches)

GUIDE PÉDAGOGIQUE
LA FAUNE MENACÉE

INTRODUCTION

Ce petit guide pédagogique permet de mieux situer ce matériel dans un cadre plus académique.

Il vous présente la *clientèle* visée et les principaux *objectifs* des programmes scolaires couverts en partie ou en totalité par ce matériel.

Ce guide vous suggère aussi d'autres utilisations d'ordre pédagogique, mais parascolaires.

PRÉSENTATION GÉNÉRALE DU MATÉRIEL

Le présent document comprend 10 sections contenant chacune différents renseignements sur une espèce animale en voie de disparition. Chaque section est constituée de la même façon. On y présente l'espèce animale, poisson, oiseau ou mammifère, dans sa famille biologique, on y présente ses principales caractéristiques, on y indique une ou plusieurs causes de sa menace de disparition et certaines mesures prises pour préserver l'espèce.

Ce matériel peut être utilisé dans les cours de sciences de la nature du 2e cycle du primaire, dans les cours de français, tant au primaire qu'au secondaire, et dans le cours d'écologie du secondaire.

Ce document constitue aussi un excellent matériel pédagogique pour la recherche en classe ou à la bibliothèque.

Il peut aussi servir à des activités intégrées à l'horaire de l'élève où l'accent est mis sur l'étude des animaux ou dans des activités parascolaires reliées à la protection de l'environnement.

OBJECTIFS DES PROGRAMMES DANS LESQUELS ON PEUT UTILISER CE MATÉRIEL

Ce document traitant de 10 espèces présente un poisson, des oiseaux, des mammifères en voie de disparition. Chaque espèce est décrite avec ses caractéristiques les plus sommaires, selon une classification linéenne, et est présentée dans un contexte environnemental.

Il constituera un excellent matériel pour couvrir plusieurs objectifs des programmes de sciences de la nature au primaire, de français au primaire et au secondaire et d'écologie au secondaire. Voici quelques-uns de ces objectifs.

SCIENCES DE LA NATURE
Deuxième cycle du primaire

6.4 Se familiariser avec le monde animal, surtout les mammifères.

8.3 Décrire les animaux de son environnement par leurs caractéristiques externes.

8.5 Décrire dans ses mots différentes espèces d'animaux dans leur environnement.

8.9 Décrire des types de relations entre l'homme et les animaux, et les conséquences de ces relations sur l'environnement.

FRANÇAIS
Premier et deuxième cycles du primaire
Premier cycle du secondaire

Selon un thème choisi, élaborer une des activités de recherche.

Ces brochures seront certainement plus utilisées dans le cours de français du deuxième cycle du primaire et dans le cours de français du secondaire. Par la pertinence de leurs propos, elles permettront une recherche d'une grande valeur.

ÉCOLOGIE
Première secondaire

Le programme d'écologie comprend tout un module sur les consommateurs.

L'objectif général de ce module est: Connaître l'animal comme un organisme qui joue un rôle de consommateur dans la nature.

Ce matériel ne pourra couvrir tous les objectifs terminaux (10) de ce module.

Certains objectifs seront plus appropriés au contexte des espèces menacées de disparition, surtout les trois derniers objectifs terminaux (3.8, 3.9, 3.10).

AUTRES UTILISATIONS

Ce matériel peut être utilisé dans un autre contexte que le milieu scolaire où l'accent est mis sur la protection de l'environnement.

- Il peut servir à des activités de jeunes naturalistes qui font partie des C.J.N. (Cercle des Jeunes Naturalistes).

- Il peut servir à diverses activités faites dans des camps de vacances où l'accent est mis sur les sciences naturelles.

- Il peut servir dans les clubs 4-H.

- Il peut être utile à la préparation d'une excursion écologique.

- Il peut même entrer dans la préparation d'une visite d'un musée de sciences naturelles.

- Il peut servir à d'autres activités reliées aux sciences de la nature...

Achevé d'imprimer sur les presses
de l'imprimerie Wilco ltée à Montréal

Quadrichromie: Point de Trame inc.
Photocomposition: Caractéra inc.